本书为 2015 年度教育部人文社会科学研究青年基金项目
"社会资本导向型扶贫模式及其政策应用研究"
（项目批准号：15YJC840020）研究成果

"十三五"国家重点图书出版规划项目

中国减贫研究书系/专题研究
CHINA'S POVERTY ALLEVIATION SERIES

社会资本导向型扶贫模式及其政策应用

SOCIAL CAPITAL ORIENTED POVERTY ALLEVIATION STRATEGY: THEORY AND POLICY

刘 敏/著

社会科学文献出版社
SOCIAL SCIENCES ACADEMIC PRESS (CHINA)

《中国减贫研究书系》
出版说明

消除贫困是人类自古以来的理想，是人类的共同使命，也是当今世界面临的最大全球性挑战。中国的消除贫困行动取得了举世瞩目的成就，为全球减贫事业作出了重大贡献。党的十八大以来，新一届中央领导集体高度重视扶贫开发工作，明确了"到2020年现行标准下农村贫困人口全部脱贫，贫困县全部摘帽，解决区域性整体贫困"的目标，召开中央扶贫开发工作会议，对打赢脱贫攻坚战进行了全面部署。目前，全国上下全面实施精准扶贫、精准脱贫方略，中国迎来了与贫困作战的新一轮浪潮。

在这种大背景下，社会科学文献出版社希望通过减贫与发展主题作品的出版，搭建减贫研究的资源共享和传播平台，向社会和政策界传递学界的思考和分析，探索和完善中国减贫和发展的模式，并通过学术成果"走出去"，丰富国际减贫经验，为人类消除贫困贡献中国模式。

《中国减贫研究书系》和"中国减贫数据库"是社会科学文献出版社自主策划的出版项目，项目策划之初就获得了中国社会科学院李培林副院长、蔡昉副院长的肯定和支持。图书项目目前已被列入"十三五"国家重点图书出版规划。依托于该书系以及社会科学文献出版社历史上已出版图书的"中国减贫数据库"业已入选"十三五"重点电子出版物出版规划。

中文版书系将全面梳理新中国成立以来，特别是改革开放40年来我国减贫政策演变进程及历史经验；系统分析现阶段我国减贫工作所面临的突出问题并探索相应的解决方式与途径，为减贫工作提供理论资源和智识支持；总结政府、社会、市场协同推进的大扶贫格局，跨地区、跨部门、跨单位、全社会共同参与的多元主体社会扶贫体系的优势；探索区域合作、国际合作在减贫问题上的实践路径，为全球减贫视野贡献中国智慧。

"中国减贫数据库"旨在全面整合社会科学文献出版社 30 年来出版的减贫研究学术成果，数据库设有减贫理论、政府减贫、市场减贫、国际减贫、区域减贫、金融减贫、社会救助、城市减贫、减贫政策（战略）、社会减贫、减贫案例等栏目。我们希望以此为基点，全面整合国内外相关学术资源，为中国减贫事业的开展、学术研究、国际合作提供数据平台支持。

基于中文版书系及数据库资源而成的"走出去"项目，将以多语种展现中国学术界在贫困研究领域的最新成果，展现减贫领域的中国模式并为其他国家的减贫事业提供中国镜鉴，增强中国发展模式的国际话语权。

作为人文社会科学专业学术出版机构，社会科学文献出版社长期关注国内外贫困研究，致力于推动中外减贫研究领域的学术交流与对话，出版了大批以减贫与发展为主题的学术著作。在新时期中央有关减贫战略思想的指导下，我们希望通过《中国减贫研究书系》这个平台，多维度、多层次展现中国减贫研究的优秀学术成果和成功的中国经验，为中国减贫事业、为全面实现小康贡献出版界的力量。

《中国减贫研究书系》
编辑委员会

（以姓氏笔画为序）

摘　要

虽然投资社会资本早已成为全球扶贫开发的重要战略，但在中国，无论是理论研究抑或政策实践，社会资本在扶贫开发中的作用都未引起足够重视。本书是 2015 年度教育部人文社会科学研究青年基金项目"社会资本导向型扶贫模式及其政策应用研究"的研究成果，基于"中国贫困农村地区可持续发展项目"和中国香港"社区投资共享基金"的案例研究，主要运用实地研究与文献研究相结合的研究方法，从理论、政策、实践三个层面系统探讨社会资本导向型扶贫模式及其政策应用，尝试解答社会资本在扶贫开发政策应用中存在的理论依据不清、因果机制不明、政策工具不足的难题。

首先，从理论层面梳理扶贫开发模式的发展脉络，廓清社会资本导向型扶贫模式的理论依据。物质资本、人力资本、社会资本三种导向的扶贫模式分别重点针对解决经济贫困、能力贫困和社会排斥的问题，采取不同的扶贫方式和政策手段，各自具有比较优势和适用范围。贫困的多维性决定了扶贫的多维性，要从根本上解决贫困问题，应该基于多维扶贫视角，综合运用三种扶贫模式的理论及其政策工具。

其次，从政策层面考察社会资本在扶贫开发的政策应用，总结社会资本导向型扶贫模式的实践经验。社区主导型扶贫、参与式扶贫、合作型扶贫是社会资本扶贫开发行之有效的国际经验。社区主导型发展能够构建联系紧密的社区共同体，建设联结型社会资本；参与式发展能够发展跨网络异质性社会联系，构建桥接型社会资本；合作型发展能够加强政府、市场与第三部门之间的联系，投资链接型社会资本。

最后，从实践层面考察社会资本的生成机制及缓贫效应，探究社会资本导向型扶贫的操作模式。社会资本扶贫更加关注贫困人口所遭遇的社会排斥问题,注重通过结构性改革解决贫困社区内部资源整合度低与外部资源链接不足的问题,促进贫困者的社会融合与可持续发展。以联结型、桥接型、链接型为形式的社会资本能有效缓解贫困者在社会关系结构中遭遇的疏离化、断裂化、边缘化问题,为他们重新参与经济活动、融入社会提供了广阔的空间。要发挥国家的能促型角色,推广社区主导型、参与式和合作型扶贫开发模式,吸纳市场、第三部门构建大扶贫格局,善用社会资本改进扶贫开发的政策绩效。

ABSTRACT

Investing in social capital has long been an important strategy for global poverty alleviation and development. However, the role of social capital in poverty alleviation and development has not received enough attention in theoretical research or policy practice. Unclear theoretical basis, unknown causal mechanism and lack of policy tools are three major problems that restrict the large-scale application of social capital in poverty alleviation and of development policies.

Based on the case study of "Sustainable Development in Poor Rural Area Project for China" and Hong Kong "Community Investment And Inclusion Fund", with the research method combining field research and literature research, the book is mainly used to systematically explore social capital oriented poverty alleviation strategy from three levels including theory, policy and practice, and to solve three major problems mentioned above which restrict the large-scale application of social capital in poverty alleviation.

First of all, the book clarifies the theoretical basis of the social capital-oriented poverty alleviation model and discusses the development of global poverty alleviation model. Secondly, it examines the policy application of social capital in poverty alleviation, and summarizes the practical experience of the new poverty alleviation model. Finally, the book discusses the generation mechanism and the poverty-alleviation effects of social capital, and explores the policy mode and tools of the social capital-oriented poverty alleviation.

Material capital-oriented model, human capital-oriented model and social capital-oriented model are three different poverty-alleviation strategies which focus on economic poverty, capacity poverty and social exclusion, and adopt different poverty alleviation methods and policy instruments. Due to the fact that the multi-dimensional nature of poverty determines the multidimensional nature of poverty alleviation, poverty-alleviation policy should be based on the multidimensional poverty-alleviation perspectives and comprehensive application of the above-mentioned three poverty-alleviation models. The experience of global poverty reduction shows that the community-driven poverty alleviation, the participatory poverty alleviation, and the cooperative poverty alleviation are three effective policy models for social capital-oriented poverty alleviation.

Social capital in the form of bonds, bridges and links can effectively alleviate the problems of alienation, fragmentation and marginalization of the poor, providing a broad space for them to re-engage in the economy and integrate themselves into the society. It is of urgent necessity to give play to the country's enabling role, to promote the community-driven, participatory and cooperative poverty alleviation models, to strengthen tripartite cooperation between the state, the market and the third sector and to make good use of social capital to improve the policy performance of poverty alleviation.

目　录

Contents

第一章
导论

20 世纪 90 年代以后，一种以社会资本建设和参与式扶贫为特色的社会资本导向型扶贫模式在全球扶贫开发领域得到了广泛应用并取得了良好成效，社会资本建设成为全球扶贫开发的重要战略。但在中国，无论是扶贫政策实践还是扶贫理论研究，都主要关注物质资本救助式扶贫和人力资本开发式扶贫，对社会资本参与式扶贫的重视和投入明显不够。本书系统考察社会资本扶贫的理念依据、实践经验、路径方法以及政策工具，探讨社会资本导向型扶贫模式及其在中国扶贫开发领域的政策应用，希冀起到抛砖引玉的作用，为创新中国扶贫政策的理念、模式和方法提供富有意义的借鉴和参考。本章首先介绍本书的研究背景，再在文献回顾的基础上廓清已有研究的盲点问题，接下来阐明本书的主要研究问题及其研究意义，最后说明研究的思路和方法。

一　问题的提出

20 世纪 90 年代以后，社会资本的概念日益引起国际学术界广泛关注，被引入对经济增长、政治绩效和社会发展等跨学科领域的研究中，不仅在理论上成为最具影响力的分析概念之一，也在实践上被视为促进社会发展、解决社会问题的"灵丹妙药"（Peter Evans，1997）。

国内外许多研究表明，社会资本对于缓解贫困问题具有重要作用，一个地区如果拥有较多的社会资本，即内部拥有较紧密的社会网络，并且居民之间具有较高程度的信任、互助和合作，那么它更容易克服贫困问题

（迈克尔·武考克，2000）。由于社会资本在扶贫开发中的作用不断凸显，投资社会资本、促进社会融入也成为新时期全球扶贫开发的重要目标（Christian Grootaert，2001；Cindy F. Malvicini & Anne T. Sweetser，2003）。

从1996年起，世界银行在全球许多国家和地区开展了一系列社会资本研究计划，大力倡导对贫困地区的社会资本建设，将投资社会资本作为促进扶贫开发的重要手段（罗家德，2005：55）。在世界银行、联合国开发计划署、联合国教科文组织、亚洲开发银行等国际组织的大力推广下，以社会资本建设、社区主导型发展、参与式扶贫为特色的新型扶贫开发政策在许多国家和地区特别是发展中国家的扶贫开发实践中得到了广泛的应用（Cornelias Ncube，2005；Blanca Moreno-Dodson，2006；Widjajanti I. Suharyo et al.，2006，2009）。一些发展中国家和新兴经济体积极借鉴这种新型扶贫开发模式的理念，推行了一系列社区发展计划和社区本位的扶贫开发计划，例如，巴西推广社区本位（Community-based Approaches）的扶贫开发计划，印度推行"社区经济发展计划"（Community Economic Development），大力促进贫困社区的参与式发展和社会资本建设（Miguel Darcy de Oliveira，2002）。

社会资本在经济增长与社会发展中的作用引起了广泛关注，加强贫困社区和贫困人口的社会资本建设成为全球扶贫开发的重要战略。但在中国，无论是国家政策还是学术研究，社会资本在扶贫开发中的作用都未引起足够关注。

第一，就国家政策而言，长期以来，中国的扶贫开发政策主要致力于改善贫困人口的物质资本与人力资本状况，对社会资本的投入较少。

第二，就学术研究而言，社会资本在中国被广泛应用于跨学科研究，但专门运用社会资本理论系统考察贫困问题的研究不多。

社会资本在扶贫开发中有何作用？它能为贫困群体提供哪些方面的帮助与支持？如何运用社会政策工具投资社会资本？如何将运用社会资本进行扶贫开发的国际经验应用于中国扶贫政策？对于这些问题，目前国内专门和系统的理论研究和政策应用尚不多见，在很多方面依然处于探索阶段。

本书采取文献研究、实地研究和个案研究相结合的研究方法，系统探讨社会资本导向型扶贫模式的理论依据和实践经验，并以中国政府与世界银行合作开展的"中国贫困农村地区可持续发展项目"和中国香港"社区投资共享基金"为典型案例，揭示社会资本的缓贫效应及其影响机制，考察社会资本扶贫开发的政策模式、政策工具及经验启示，探讨社会资本导向型扶贫模式及其在中国扶贫开发领域的政策应用。本书希冀为廓清和推广社会资本导向型扶贫模式做些抛砖引玉的工作：一是通过系统研究社会资本导向型扶贫的理论模式和学理依据，为学术界开展更多这方面的研究提供理论参考；二是通过深入考察社会资本扶贫开发的政策模式和经验启示，为政策界开展更多这方面的探索提供政策参考。

二　文献回顾

就本书涉及的主要研究内容而言，对国内外相关研究可做如下简要评述。

1. 关于贫困视角的研究

从历史的角度看，贫困研究先后产生了三种不同的视角，它们在对贫困的界定和分析等方面存在范式性差异（刘敏，2009）。

一是经济视角，主要从经济层面定义贫困，其核心是认为贫困是经济剥夺或物质匮乏，表现为收入、消费或福利水平低于一定的水准（马丁·瑞沃林，2005）。

二是能力视角，认为贫困是基本生存能力与发展能力的缺乏（阿马蒂亚·森，2001；让·德雷兹、阿玛蒂亚·森，2006）。能力视角不停留于构建收入、消费和福利等经济指标，而是试图分析贫困背后的深层次能力不足问题，并认为这些才是导致贫困的决定性因素（乌德亚·瓦尔格，2003）。

三是社会视角，引入社会排斥的概念，把贫困研究从经济领域引入一个更为广阔的政治和社会领域，认为贫困不仅指收入不足、能力不足，还意味着在劳动力市场、政治参与、社会关系等方面遭受社会排斥，无法享有正当的权利和机会（Gordon，D. et al.，2000）。从经济视角到社会视角的转变，是一个历史性变化，标志着贫困研究从静态到动态、从单维到多维、从注重分配到注重社会权利关系的转变（Saraceno，C.，1997：145）。

2. 关于扶贫模式的研究

从贫困治理的方式看，扶贫政策经历了从物质资本救助式扶贫到人力资本开发式扶贫进而到社会资本参与式扶贫的范式发展过程（刘敏，2013）。

在早期，贫困问题被看作一种经济匮乏，因而扶贫的关键是对贫困者进行物质救助。这种扶贫方式属于救助式扶贫体制，由政府主导，资金主要来源于政府财政拨款或补贴，强调对贫困人口的基本生活保障（中国发展研究基金会，2007）。

20 世纪 60 年代以后，开发式扶贫逐渐兴起。这种扶贫方式强调开发贫困地区的自然资源和人力资本，通过发展教育、培训、技术、就业等综合配套政策，使其形成自我积累和自我发展的能力（杨团、孙炳耀，2005；王国良，2005）。

20 世纪 90 年代以后，参与式扶贫方式应运而生，它强调政府、市场、NPO（non-profit organization，简称为 NPO，一般译为"非营利组织"）、社区和贫困者共同参与扶贫，提升贫困者的自主性和社会资本（Blanca Moreno-Dodson，2006）。90 年代末期以后，中国开始重视参与式扶贫战略，在一些地区实施由政府、企业与社会组织共同参与的扶贫开发项目（李小云，2005；周大鸣、秦红增，2005；陈思堂，2012；华中师范大学、中国国际扶贫中心，2014）。

3. 关于社会资本量度的研究

国内外学术界对于社会资本的概念界定及测量方法向来是见仁见智。尽管不同学者从不同的角度对社会资本概念进行了不同的界定，但大多数学者承认，社会资本存在两个不同的基本分析层次。

　　一是个体社会资本，它是个人可获取和使用的嵌入在社会网络中的资源，属于个人物品（private goods）。二是集体社会资本，它是一个组织、群体、社区甚至整个社会所拥有的集体资源，包括信任、网络和互惠等，属于公共物品（public goods）。

　　作为社会资本的两个基本分析层次，个体社会资本与集体社会资本在概念界定、测量方法等方面大相径庭。本书采取后一种分析层次，借鉴普特南等人的范式，将社会资本视为社区或群体层次的特征，将其界定为特定社区或群体所共享的社会关系网络，包括信任、互助和网络等要素，其能够为群体成员提供社会支持。

　　4. 关于社会资本缓贫效应的研究

　　国外许多研究表明，社会资本对于贫困缓解具有重要意义。武考克发现，如果一个地区拥有较多的社会资本，那么它更容易克服贫困问题（Michael Woolcock，1998，2001）。纳拉扬和格鲁特尔特等人发现，社会资本能显著提升贫困家庭的整体福利（Narayan，D. and Pritchett，L.，1997；Deepa Narayan，1999；Christian Grootaert，2001）。莫里斯的研究表明，社会资本是扶贫的关键变量，社会资本越丰富，扶贫的效果就越好（Matthew Morris，1998）。艾沙姆等人的研究表明，社会资本有助于增进农民的集体合作，提升农民资产总值（艾沙姆、卡科内，2004）。

　　国内也有研究验证了社会资本的扶贫作用。有研究者指出，社会资本是影响扶贫效果的重要因素，能够为贫困人口拓展社会支持网（郑志龙，2007；王朝明等，2009）。一些研究发现，社会资本能够显著改善贫困者的经济状况，不仅能缓解经济贫困，亦能缓解社会排斥，提升贫困者参与经济、融入社会的能力（梁柠欣，2009，2012；刘敏，2013；王朝明，2013）。

　　5. 关于社会资本扶贫应用的研究

　　20 世纪 90 年代以后，投资社会资本，推动官商民共同扶贫，成为全球扶贫的重要政策（世界银行，2001；安东尼·哈尔、詹姆斯·梅志里，2006）。世界银行和联合国教科文组织在部分国家和地区大力倡导对贫困地区的社会资本建设，将发展社会资本作为缓解贫困的重要策略（The United Nations Educational, Scientific and Cultural Organization, 2002）。亚洲开发银行认为，帮助穷人营造社会资本对于他们摆脱贫困、融入社会具有关键作用（亚洲开发银行，2003a）。

在上述国际组织的积极倡导和推动下，社会资本扶贫开发政策在一些发展中国家甚至发达经济体得到了比较广泛的应用。例如，巴西政府在全国推行"团结社区"（Comunidade Solidária）计划，印度自 20 世纪 90 年代起推行"社区经济发展计划"（Community Economic Development），中国内地试点"社区主导型发展"（Community Drived Development），中国香港地区通过"社区投资共享基金"（Community Investment and Inclusion Fund）资助社区本位的社会资本建设计划。

6. 已有研究的盲点问题

社会资本的缓贫效应得到了广泛认同，但对于社会资本为何能缓解贫困、如何投资社会资本等问题，已有研究还存在一些盲点问题有待改进。

一是理论依据不足。虽然学术界普遍认可社会资本在扶贫开发中的作用，但对于社会资本导向型扶贫模式的理论依据和政策应用，尚缺乏专门而系统的研究。

二是因果机制不明。虽然国内外很多研究证明了社会资本的缓贫效应，但是很少有研究充分解释社会资本的生成原因以及社会资本缓贫的因果机制。

三是政策工具不足。与物质资本扶贫、人力资本扶贫的范式相比，社会资本扶贫范式的一个突出缺陷是政策可操作性不强，抽象的理论和概念难以落地为操作性和可行性强的政策"工具箱"。不同于物质资本与人力资本具有比较统一的定义，社会资本的概念缺乏准确、统一的定义并且在不同层次广泛应用于跨学科领域的研究，这种局面增加了把社会资本理论操作化为具体政策工具的难度。虽然国内外学术界广泛认可社会资本在扶贫开发中的作用，但对于如何通过社会政策投资社会资本、如何通过投资社会资本进行扶贫开发的问题却见仁见智，很少有人就此提出明确有效、操作性强的政策工具。

三　研究的问题与意义

长期以来，中国的扶贫政策在扶贫方式上以救助式扶贫和开发式扶贫为主，对参与式扶贫的投入较少；在扶贫目标上主要着眼于改善贫困人口的物质资本与人力资本，对其社会资本建设重视不够。这种扶贫政策适应了传统的绝对性贫困、发展性贫困的扶贫开发需求。

经过改革开放40余年的快速发展，中国内地正在迈入丰裕社会的行列，2018年经济总量达到13.6万亿美元，稳居全球第二；人均国民收入接近1万美元，达到中高收入国家的水平。伴随丰裕社会的来临，传统的绝对性、发展性贫困问题得到有效克服，相对性、结构性贫困问题却逐渐凸显。在这种背景下，中国需要适应经济社会发展与贫困问题的演变，不断创新扶贫政策的理念、模式和方法：不仅要开展救助式扶贫、开发式扶贫，运用物质资本理论、人力资本理论的政策工具；也要创新参与式扶贫，引入社会资本的概念和政策工具。

本书主要探究社会资本导向型扶贫模式及其政策应用，希望为中国扶贫政策模式创新提供一定的理论指导和政策参考，具体而言希望达成以下三个方面的研究目标。

第一，明确社会资本扶贫开发的理论依据与实践经验，在回顾贫困治理范式发展的基础上比较物质资本导向型扶贫、人力资本导向型扶贫与社会资本导向型扶贫三种扶贫模式，在回顾社会资本理论研究的基础上考察社会资本扶贫开发的国际及国内实践经验，探讨社会资本扶贫开发对中国扶贫政策创新的启示意义。

第二，阐明社会资本的生成机制及缓贫效应，基于典型案例考察扶贫开发过程中社会资本的生成机制、缓贫效应及其影响机制，探究贫困社区社会资本建设策略，探讨通过政府、企业、社会组织"三方合作"共同投资社会资本的可行路径。

第三，总结社会资本扶贫开发的政策模式及工具，建立社会资本导向型扶贫政策框架，探讨社会资本导向型扶贫模式在中国扶贫开发领域的应用前景，就改善扶贫绩效、创新中国扶贫政策提出有针对性的政策建议。

围绕上述研究目标，本书主要研究以下三个方面的内容。

一是社会资本扶贫的理论依据与实践经验。贫困问题与社会资本是国内社会学研究的两个重要主题，但两个领域的研究明显缺乏借鉴和融合。贫困研究对社会资本的关注较少，专门从社会资本视角探讨贫困问题的研究也较少。社会资本导向型扶贫模式的主要理论依据是什么？社会资本导向型扶贫模式与物质资本导向型扶贫模式、人力资本导向型扶贫模式有何不同？国际社会在社会资本扶贫开发方面有什么经验，对中国扶贫开发有何启示？本书首先从理论上考察扶贫开发模式的历史发展，在比较三种扶贫开发模式的基础上明确社会资本导向型扶贫的理论依据，考察社会资本扶贫开发的国内外实践经验及其对中国扶贫政策创新的启示意义。

二是社会资本的生成机制及其缓贫效应。多数研究将社会资本当作某种既定的"存量"来分析其在个人或集体行动中的作用，很少有研究探讨社会资本的产生与投资问题。大量研究证明，社会资本越丰富越有利于减少贫困，但很少有研究揭示社会资本的生成机制及其缓解贫困问题的因果机制。一些研究从数据上说明了社会资本与贫困家庭资产存在统计相关性，但缺乏对这种统计相关性背后因果机制的说明。影响社会资本发展的因素有哪些？社会资本是如何生成的？社会资本的缓贫效应如何？如何通过社会资本去缓解贫困问题？本书以中国政府与世界银行合作开展的"中国贫困农村地区可持续发展项目"和中国香港"社区投资共享基金"项目为典型案例，考察外部社会资源介入对提升当地贫困社区社会资本的作用，探究社会资本的生成机制及其缓贫效应。

三是社会资本导向型扶贫政策模式及工具。与物质资本扶贫与人力资本扶贫范式相比，社会资本扶贫范式的一个突出缺陷是政策可操作性不强，对于如何投资社会资本、如何通过社会资本去缓解贫困等问题，鲜有人提出明确有效、操作性强的政策工具。如何建立社会资本导向型扶贫政策？社会资本导向型扶贫政策工具有哪些，在中国扶贫政策中的应用前景如何？本书以中国香港"社区投资共享基金"项目为典型案例，研究社会资本在扶贫开发政策应用中的模式与方法，探讨社会资本导向型扶贫模式在中国扶贫领域的政策应用，并就如何通过社会资本推进扶贫开发提出具有可操作性的政策工具。

本书的理论和实际应用价值可以归结为如下三个方面。

第一，投资社会资本已成为全球扶贫开发的重要战略，但在中国扶贫领域并未引起足够重视。中国扶贫的政策实践和理论研究多关注物质资本扶贫和人力资本扶贫，对社会资本扶贫关注较少。本书系统探讨社会资本导向型扶贫模式，考察社会资本扶贫开发的理论依据和实践经验，这对于推动社会资本扶贫开发理论研究和政策应用具有一定的现实意义。

第二，社会资本被广泛应用于国内跨学科研究领域，但专门从社会资本视角考察贫困问题，尤其是从社会资本视角考察中国扶贫政策的研究很少。本书运用社会资本理论探讨中国扶贫政策创新，研究社会资本的生成机制及其缓贫效应，这不仅拓展了贫困研究和社会资本研究的广度，而且对于促进两个研究领域的交叉融合具有一定的理论价值。

第三，社会资本的缓贫效应得到了广泛验证，但对社会资本扶贫开发政策模式及工具的研究却不多见。本书探讨社会资本扶贫开发的政策实践及其经验启示，考察社会资本导向型扶贫开发的政策模式、路径及工具，这对于借鉴全球扶贫开发的有益经验、创新中国扶贫政策具有积极的探索意义。

四 研究的思路与方法

本书研究思路见图 1－1。

第一，廓清理论依据，在扶贫模式的历史发展中探究社会资本导向型扶贫模式的理论含义。

第二，探讨实践经验，考察社会资本与扶贫开发的国际经验与国内实践。

第三，剖析项目案例，以"中国贫困农村地区可持续发展项目"和中国香港"社区投资共享基金"为典型案例，探讨社会资本扶贫的缓贫效应与政策工具，分析社会资本的生成机制与投资策略。

第四，研究政策应用，探讨社会资本导向型扶贫模式在中国扶贫政策中的应用前景。

图 1 - 1　本书研究思路

目前国内关于社会资本扶贫的理论研究与政策应用在很多方面尚处于探索阶段，关于社会资本导向型扶贫模式的专门研究很少，更遑论系统考察社会资本导向型扶贫模式的理论依据、实践经验、路径方法和政策工具。结合本书的研究目的与研究内容，笔者主要采取以文献研究与案例研究为主的研究方法，针对不同的研究内容采取有针对性的研究方法，具体情况如下。

第一，主要运用文献研究的方法从理论与政策两个层面系统考察社会资本扶贫开发的理论依据与实践经验，探讨社会资本扶贫开发的理论观点和政策探索，为研究社会资本导向型扶贫模式提供理论支撑，对学术界开展更多这方面的研究起到抛砖引玉的作用。

第二，主要运用典型个案研究的方法考察社会资本扶贫开发的政策效果及应用前景，探讨社会资本扶贫开发的政策案例及经验启示，为研究社会资本导向型扶贫模式提供经验支持，为政策界开展更多这方面的探索发挥"他山之石，可以攻玉"的效果。

为何要采取个案研究方法？一般认为，面对知之甚少的新兴现象，可以选择揭示性个案进行深度剖析，"通过对某些鲜为人知的个案描述，揭示某种隐秘现象、新鲜事物或发展趋势，消除人们的认识盲区，扩大人们的视野……"（王宁，2007）。典型个案研究的优势在于可以从微观层面对个别事物进行深入、细致的描述和分析，获得丰富、生动、具体和详细的资料，较好地揭示出社会现象背后的具体过程和形成机制（风笑天，2001：239）。通过对个案的"麻雀式解剖"，个案研究可以从"特殊"拓展到"一般"，从"微观"拓展到"宏观"（麦克·布洛维，2007：77～127）。

虽然国内外大量研究验证了社会资本在扶贫开发中的作用，但深入考察社会资本扶贫的因果机制、政策模式及工具的研究尚不多见。鉴于研究内容的特殊性（国内专门的理论研究和政策应用少，处于探索阶段）、研究目标的特殊性（针对新型扶贫模式开展先导性研究，在国内扶贫理论研究与政策实践有待开发的领域开展探索性研究，为借鉴国际扶贫理论、创新中国扶贫政策做些抛砖引玉的工作），运用个案研究方法是合适和可行的。通过对典型案例进行"麻雀式解剖"，可以揭示社会资本的生成机制及缓贫效应，廓清社会资本导向型扶贫模式的政策模式及工具。

本书以"中国贫困农村地区可持续发展项目"和中国香港"社区投资共享基金"两个扶贫开发和社区发展项目为典型案例，探究社会资本的生成机制、缓贫效应与政策模式。上述两个政策案例不同程度地运用了社会资本和参与式扶贫的理念与方法，在贫困社区的社会资本建设和扶贫开发方面取得了显著的成效，在社会资本扶贫的政策应用方面具有典型性和揭示性。

"中国贫困农村地区可持续发展项目"是一项政策理念先进、投资规模较大、应用范围较广的社区主导型参与式扶贫项目，由中国政府与世界银行合作开展，建设期为2010～2015年，对促进项目试点地区的社会资本建设和扶贫开发产生了显著的影响，为研究社会资本的生成机制及缓贫效应提供了典型案例。

"社区投资共享基金"是由香港特区政府于 2002 年投资 3 亿元正式成立的种子基金，一直致力于推行社区本位的社会资本发展计划，是国内外为数不多专门以社会资本培育为主题、在社会资本扶贫开发方面具有成熟经验的社会政策项目，在培育社会资本和创新扶贫开发方面积累了许多富有成效并且可资借鉴的经验，为探究社会资本导向型社会政策模式及工具提供了典型案例。

表 1 - 1　社会资本扶贫开发的两个项目案例

项目名称	项目概况
中国贫困农村地区可持续发展项目	"中国贫困农村地区可持续发展项目"是中国政府与世界银行在扶贫领域合作开展的第五个大型综合性扶贫项目*，项目总投资 10.87 亿元人民币，其中世行贷款 1 亿美元，全球环境基金赠款 500 万美元，国内配套 3.73 亿元人民币。项目以配合中国政府的扶贫开发工作为目的，探索和试验更有效和更具创新性的方式，通过社区主导型发展和参与式的方式，为最贫困的社区和居民提供援助。项目建设期为 2010 年至 2015 年，覆盖河南、重庆、陕西三省（直辖市）25 个国家扶贫工作重点县（区），12 万贫困户 48 万贫困人口直接受益
香港社区投资共享基金	社区投资共享基金是由香港特区政府于 2002 年投资 3 亿元正式成立的种子基金，致力于推行社区本位的社会资本发展计划，推动政府机构、社会组织、企业共同参与社区公共事务，倡导邻里与社区互信互助、社会各界和谐共融，通过建立邻里及社区网络、投资社会资本来改善贫困问题，促进社区可持续发展。截至 2016 年底，基金已推行和将推行的资助项目总计 323 个，资助总额 4.32 亿元，项目分布在全港 18 个地区，参与合作的伙伴机构 8900 个，直接参与人数达到 68.2 万人次，建立互助网络 2070 个，成立自助组织 76 个，支援家庭 3.25 万个，惠及 60 多万人，创造了良好的经济和社会效益

　* 其他四个扶贫项目分别是 1995 年批准的西南扶贫项目、1997 年批准的秦巴山区扶贫项目、1999 年批准的甘肃和内蒙古扶贫项目以及 2005 年批准的贫困农村社区发展项目。

为了解"中国贫困农村地区可持续发展项目"在项目试点地区的实施情况，笔者在陕西省扶贫开发办公室外资项目管理中心和河南省扶贫开发办公室外资项目办公室的大力支持下，深入陕西省延安市延长县、陕西省宝鸡市陈仓区、河南省洛阳市嵩县，针对地方政府扶贫部门和项目试点村开展实地调研，综合运用深度访谈、参与观察、文献研究相结合的多元资料收集方法。多元资料收集方法的目的在于运用各种各样的方法，从不同领域、针对不同对象来收集资料，其优势是可以把个案研究建立在几个不同但相互印证的证据来源上，从而使得研究结论更准确且更有说服力和解释力（罗伯特·K. 殷，2004：107；约瑟夫·A. 马克斯威尔，2007：87）。

　　本书是笔者主持的 2015 年度教育部人文社会科学研究青年基金项目"社会资本导向型扶贫模式及其政策应用研究"（项目批准号：15YJC840020）的研究成果，从理论、政策、实践三个层面廓清了社会资本导向型扶贫模式的理论与现实图景。作为一项理论导向的应用政策研究，本书融合了社会资本扶贫的理论研究成果和政策实践成果，在社会资本扶贫理论研究和政策应用方面具有一定的指导性和探索性。本书可供社会学、社会政策、社会工作及相关专业以及扶贫研究领域的大学生、教师、研究人员参考使用，也可供政府扶贫部门及民政部门、慈善团体、福利机构、社会组织及其工作人员参考使用。

第二章
社会资本扶贫的理论依据[*]

贫困的定义有广义和狭义之分，贫困的量度也有绝对标准和相对标准之分。人类对贫困问题的认识经历了从经济视角到能力视角再到社会视角的不断深化的历史过程，与之相适应，对贫困问题的治理范式也经历了从物质资本导向型救助式扶贫到人力资本导向型开发式扶贫再到社会资本导向型参与式扶贫的发展过程。伴随对贫困性质及形成机理的认识越来越深刻，人类在扶贫开发实践中所采取的政策工具也越来越多元。本章主要探讨贫困的理论视角与范式发展，明确社会资本扶贫开发的理论依据，为研究社会资本导向型扶贫模式提供一个理论框架。就具体内容而言，本章首先评述贫困的定义与测量方法，再分析贫困研究的三种视角及其对贫困性质的不同认知，最后探讨贫困治理范式的历史发展并比较分析物质资本导向、人力资本导向、社会资本导向三种扶贫开发模式。

一 贫困的定义与量度

贫困是一个动态的、历史的、社会的概念，在不同的时期、不同的国家和地区，具有不同的性质、特点和成因。正是因为贫困的这种复杂的特点，迄今为止国际社会对贫困的定义与量度还没有一个公认的统一标准。伴随人类对贫困问题的认识不断深化，国内外研究者从不同的角度对贫困

---

[*] 本章内容曾以论文的形式发表，载入本书时作者对原文内容进行了修改和补充，原文参见刘敏《贫困治理范式的转变——兼论其政策意义》，《甘肃社会科学》2009 年第 5 期。

进行了各种不同的界定，梳理其中有代表性的定义有助于我们更加深刻地认识贫困现象的本质。

1. 贫困的定义

国外有代表性的定义主要有以下几种。

（1）缺乏最基本的生活资料，包括所获得的各种食物、所拥有的条件和资源不足以参加必要的社会活动、维持最基本生活水准（P. Townsend，1979：915）。

（2）缺乏达到最低生活水准的能力，不仅指收入微薄和人力资本不足，还包括面对外部冲击极为脆弱、缺少发言权、遭受权利剥夺以及被排斥在主流社会之外（世界银行，1991：2；2001：15）。

（3）遭受对基本生存权与发展权的剥夺，面临物质资源和社会资源的严重匮乏，通常意味着在衣、食、住、行等基本生活方面的消费支出低于社会平均水平（Carey Oppenheim and Lisa Harker，1996：52）。

（4）在一定的政治、经济、社会、文化和自然条件下，长期无法获得足够的收入来维持一种生理上要求的、社会文化可接受的和社会公认的最低生活水准的状态（European Community，1994：14）。

（5）缺乏资源的总称，通常是缺乏物质资源，有时也是缺乏文化资源（Gordan Marshall，1994：409）。

（6）对人类基本能力和权利的剥夺，而不仅仅是收入缺乏（阿马蒂亚·森，2002）。

国内有代表性的定义主要有以下几种。

（1）收入无法维持基本生存所需。个人或家庭依靠劳动所得和其他合法收入不能维持其基本的生存需求（国家统计局农村社会经济调查总队，1989）。

（2）生活水平低于最低生活标准。一般指物质生活困难，缺乏某些必要的生活资料和服务，处于生计困难境地，生活水平达不到一种社会可接受的最低标准（国家统计局"中国城镇居民贫困问题研究"课题组，

1991）。

（3）生活资源匮乏或无法适应所属的社会环境，即无法维持其肉体性或精神性生活，或者维持有困难（江亮演，1990：7）。

（4）经济、社会、文化落后的总称，是由低收入造成的基本物质、基本服务相对缺乏或绝对缺乏，以及缺少发展机会和手段的一种状况（康晓光，1995：2～3）。

（5）个人或家庭的经济收入不能达到所在社会"可接受生活标准"的生活状况（周彬彬，1991：10）。

（6）由于缺乏必要的资源而被剥夺了正常获得生活资料和融入经济社会生活的权利，生活水平持续地低于该社会的常规生活标准（关信平，1999：88）。

综上所述，尽管国内外关于贫困的定义众说纷纭、不一而足，但是综合分析这些定义不难发现，贫困有广义和狭义之分。狭义的贫困主要指收入和消费等经济层面的贫困，即无法获取足够的收入来维持一定的生活水平，它典型地表现为收入和支出水平低于社会规定的某一个标准。广义的贫困则不仅限于经济贫困，而是涵盖政治、社会和文化等多方面的贫困，它不仅包括收入和消费水平低下，还包括权利剥夺、机会匮乏、社会孤立和文化贫困。

在早期，人类主要从狭义角度理解贫困，伴随着对贫困认识的深化，人类越来越多地从广义角度理解贫困。世界银行认为，贫困是一种多维现象，收入和消费不足更应该看成是贫困的结果，而不是贫困的精确度量；贫困不仅限于低收入和低消费，还意味着缺乏机会和权利、没有发言权、脆弱和恐惧等（The World Bank，2019a）。瓦尔格也说，贫困首先是收入和消费不足，其次是缺乏基本的权利和能力，最后是被排斥在经济、政治、文化等基本活动之外（乌德亚·瓦尔格，2003）。

2. 贫困的量度

上文简述了贫困的定义，那么，贫困如何量度？这就涉及贫困的标准。

贫困并无公认的标准，它一般是通过贫困线反映出来的（马丁·瑞沃林，2005：37）。目前，世界上有近 100 个国家和地区制定了各自的贫困线标准。此外，世界银行、联合国开发计划署等国际组织也制定了相应的贫困线或贫困标准。制定贫困线的方法很多，最常见的方法有恩格尔系数法、收入比例法、生活形态法、市场菜篮法、国际贫困线法等。由于存在历史传统、经济水平和社会条件等方面的差异，不同国家和地区确定贫困线的方法不尽相同，由此导致各自的贫困标准大相径庭。制定贫困线的标准主要包括相对贫困与绝对贫困。

绝对贫困被认为是一个客观的定义，它建立在维持生存这个概念的基础上。维持生存就是延续生命的最低需求，因此低于维持生存的水平就会遭受绝对贫困，因为他没有足以延续生命的必需品（Peter Alcock，1993）。

相对贫困是一种较为主观的标准，……一个相对的贫困定义是建立在将穷人的生活水平与其他较为不贫困的社会成员的生活水平相比较的基础上的，通常这要包括对作为研究对象的社会的总体平均水平的测度（Peter Alcock，1993）。

也有学者在绝对贫困与相对贫困的基础上提出了其他贫困标准。英国学者汤森提出"维持生存"、"基本需求"和"相对遗缺"三种标准（P. Townsend，1993）。"维持生存"是以维持体能最低限度的生活必需品为界线。"基本需求"是高于起码的生存条件，但依然缺乏基本的生活用品和发展机会。"相对遗缺"则是指与其他群体相比，经济收入偏少，社会参与不足。

中国香港学者莫泰基提出了"绝对性贫穷"、"基本性贫穷"和"相对性贫穷"三种标准（莫泰基，1999：30～32）。"绝对性贫穷"是指缺乏维持起码生存所需的最低度物质条件，衣食住行极度缺乏且有危及生命之虞。"基本性贫穷"是指物质条件已能满足生理上的需要，但衣食住行常会捉襟见肘，过着"没有尊严"的生活。"相对性贫穷"是指相对社会平均标准而言所获得的收入较少。

唐钧根据"生存线""温饱线""发展线"三种标准来区分"绝对贫困""基本贫困""相对贫困"（唐钧，1998：21～22）。"生存线"是指满足最起码生理需求所要求的消费，低于此线会陷入绝对贫困状态，甚至危及生命。"温饱线"是指满足最基本生活需求的消费，低于此线会陷入基本贫困状态，虽然在这种情况下维持最低生存没问题但达不到温饱水平。"发展线"是达到基本上能自给自足的消费，高于此线有望获得发展机会，脱离贫困。

二 贫困的理论视角

从历史发展的角度看，贫困研究先后产生了经济视角、能力视角和社会视角三种具有代表性的理论视角——它们分别关注经济贫困、能力贫困与社会排斥（见表2－1），在对贫困的界定、测量和分析等方面存在范式性差异，廓清贫困的理论视角有助于更好地认识贫困问题的本质。

表2－1　贫困研究的三种理论视角

理论视角	对贫困的界定	对贫困本质的认识
经济视角	物质资本的匮乏，主要表现为收入、消费或福利水平低于社会可接受的水准	贫困的本质是经济剥夺
能力视角	基本生存能力与发展能力的缺乏，包括教育水平低、技能不足和健康状况差等	贫困的本质是能力剥夺
社会视角	在经济、政治、文化等方面被排斥在主流社会之外，无法享有正当的权利和机会	贫困的本质是社会排斥

1. 经济视角

这是贫困研究的传统视角，主要从经济层面定义贫困，认为贫困是物质资本的匮乏，表现为收入、消费或福利水平低于一定的水准。按照经济视角，界定贫困的指标主要有三类：收入、消费和福利。收入指标强调依据家庭收入水平界定贫困，消费指标强调依据家庭支出水平界定贫困，福利指标则强调依据家庭收支、食物、营养和服务等综合福利情况界定贫困（马丁·瑞沃林，2005：6~13）。尽管这三类指标强调经济状况的不同面向，但其共同点是从经济状况界定贫困，认为贫困的本质是经济剥夺或匮乏。

20世纪初，英国学者朗特里（S. Rowntree）给贫困下了一个经典定义：如果一个家庭的总收入不足以获得维持体能所需要的最低数量的生活必需品，那么该家庭就是处于贫困状态（李彦昌，2004：1）。英国学者汤森在《英国的贫困》一书中把贫困界定为"被迫丧失物质生活条件达一定时间，以致不可能或者难以参加正常的活动，缺乏日常生活起居所必要的物质条件和生活条件，或者说缺乏社会所广泛支持和认可的最低限度的东西"（P. Townsend，1979：915）。奎恩和曼认为，贫困就是"没有足够的收入可以使之有起码的生活水平"（裴怀玉，2002：44）。奥本海默等人认为，"贫困是指物质上的、社会上的和精神上的匮乏，它意味着在食物、保暖和衣着方面的开支要少于平均水平……它（贫困）悄悄地夺取了人们享受生命而不受侵害、接受体面的教育、享有安全的住宅和长时间的退休生活的机会"（Carey Oppenheim and Lisa Harker，1996：52）。世界银行指出，贫困是指福利的被剥夺状态，即当某些人、某些家庭或某些群体没有足够的资源去获取他们在那个社会公认的、一般都能够享受到的饮食、生活条件、舒适和参加某些活动的机会，它不仅限于物质匮乏，还包括福利剥夺（安德鲁·韦伯斯特，1987：4~5）。当时的欧洲共同体委员会也认为，贫困是"人们在长时期内无法获得足够的劳动收入来维持一种生理上要求的、社会文化可接受的和社会公认的基本生活水准的状态"（European Community，1994：14）。

国内不少机构和研究者也采取经济视角来定义贫困。国家统计局农村社会经济调查总队认为，贫困指个人或家庭依靠劳动所得和其他合法收入不能维持其基本的生存需求（国家统计局农村社会经济调查总队，1989）。国家统计局"中国城镇居民贫困问题研究"课题组认为，贫困一般指物质生活困难，即一个人或一个家庭的生活水平达不到一种社会可接受的最低标准，缺乏必要的生活资料和服务，生活处于困难境地（国家统计局"中国城镇居民贫困问题研究"课题组，1991）。周彬彬认为，贫困是指个人或家庭的经济收入不能达到所在社会"可接受生活标准"的那种状况（周彬彬，1991：10）。林闽刚认为，贫困是由低收入造成的基本物质、基本服务相对缺乏或绝对缺乏，以及缺少发展机会和手段的一种状况（林闽刚，1994）。孟春认为，贫困首先是一种物质短缺的状态，是个人或家庭的生活难以达到最低生活标准的短缺状态（孟春，2000：8）。康晓光认为，"贫困是人的一种生存状态，在这种生存状态中，人由于不能合法地获得基本的物质生活条件和参与基本的社会活动的机会，以致不能维持一种个人生理和社会文化可以接受的生活水准"（康晓光，1995：1～3）。

2. 能力视角

能力视角认为贫困是基本生存能力与发展能力的缺乏，其核心是人力资本的匮乏，包括教育水平低、技能不足和健康状况差等。能力贫困（capability poverty）的概念最初由著名经济学家阿马蒂亚·森提出，后经世界银行和联合国开发计划署的倡导，在扶贫开发领域得到广泛的推广和应用。就贫困分析而言，能力视角不停留于收入、消费和福利等经济指标，而是试图分析贫困背后的深层次的能力不足的问题，如教育、知识、技能等水平不足，并认为这些才是导致贫困的决定性因素（乌德亚·瓦尔格，2003）。

森认为，贫困的本质是对基本能力与权利的剥夺，是缺少获取和享有正常生活的能力，也是创造收入能力和机会的匮乏（阿马蒂亚·森，2001：188～212；让·德雷兹、阿玛蒂亚·森，2006：44～47）。因此，贫困不限于低收入、低消费，而在更大程度上表现为低文化程度、技能不足、缺乏社会保障、心理压力、健康恶化等（Sen, A. K, 1993, 1997）。森在《以自由看待发展》一书中系统阐发了他的能力贫困观，他认为能力是"一个人选择有自由珍视的生活的实质自由"，是"个人追求自己目标的真实机会"，能力体现在各种功能性活动中，包括"良好的营养状况，避免疾病带来的死亡，能够阅读、写作和交流，参与社区生活，公共场合不害羞等"，贫困意味着人们享受这些活动的能力被剥夺（capability deprivation），丧失了维持生存与发展的应有的机会与权利（阿马蒂亚·森，2002：30～34）。森的能力贫困的观点超越了经济贫困的视野，在贫困研究领域具有开创性意义并产生了深远的影响，自此以后贫困不再仅仅被看作低收入或低消费，也被视为对基本能力与权利的剥夺（安东尼·哈尔、詹姆斯·梅志里，2006：75～76）。

世界银行在《1990年世界发展报告》中指出，贫困是"缺乏达到最低生活水准的能力"，它不仅指收入低微和资产不足，还包括面对外部冲击时的脆弱性、缺少发言权、权利剥夺以及遭受排斥等（世界银行，1991：2）。世界银行在《2001年世界发展报告》中进一步明确了贫困的含义："穷人生活在没有最基本的行动与选择的自由的境况中，而这种自由是使他们生活改善理所当然应具备的。通常他们缺乏必要的食品和住房、教育和医疗，以便使他们能过上所有人都向往的那种生活。面对疾病、经济混乱和自然灾害，他们十分脆弱。同时他们经常遭受国家和社会的不公正对待，在涉及决定他们生活的重大问题上没有发言权。"（世界银行，2001：15）这个定义强调，贫困不仅指衣食没有着落或者收入低下，也指个人生存发展的基本条件得不到满足、基本权益得不到保障。

联合国开发计划署（以下简称"UNDP"）进一步发展了能力贫困的概念。UNDP在1996年的《人类发展报告》中指出，收入贫困只是贫困的一个方面，贫困不限于收入和消费不足，也是基本生存与发展能力的不足。"就像人类发展围绕着生活的各个方面远比收入宽泛得多一样，贫困也应该被看作有多个角度"，这些角度包括教育、健康、寿命和读写能力等

（UNDP，1996，1997）。UNDP 建构了一整套能力贫困指标，用于测量人口中缺乏基本发展能力的人口及其在人口总数中所占的比例。其中，能力被操作化为三个方面：一是基本生存的能力，即获得营养与健康的能力；二是健康生育的能力；三是接受教育与获得知识的能力。这些指标被用来反映贫困人口在健康、教育、社会参与等基本能力方面的匮乏状况。UNDP 还制定了人类发展指数和贫困指数，其中，贫困指数涵盖三个方面：寿命、读写能力和生活水平，寿命用 40 岁以前死亡人口的百分比来测定；读写能力用有读写能力的成人的百分比来测定；生活水平用能获得医疗服务的居民的百分比、能获得安全饮用水的居民的百分比以及 5 岁以下营养不良幼儿的百分比等指标来测定。

国内也有一些研究者运用能力视角来分析贫困问题。有论者认为，从能力贫困的角度看，贫困的本质是缺乏实质性的权利和机会，包括缺乏政治权利、经济权利、社会权利和文化权利，因此，消除能力贫困，需要制定比传统的关注收入贫困的政策更丰富的政策体系（沈小波、林擎国，2005）。还有论者认为，UNDP 提出的能力指标只是人类发展能力中"非常有限也是最为基础的一部分"，除了 UNDP 提出的三个方面之外，还应包括获得收入的能力、参与决策的能力、合理利用资源的能力、社会认知能力以及支配个人生活的能力等诸多方面，"能力贫困"即是缺乏这些能力，它包括健康水平差、人力资本存量不足等（刘爽，2001）。有研究从能力贫困的角度构造多维度贫困测度方法，选用收入、教育和生活质量等指标来测量贫困，研究发现相对于单一的收入贫困，多维贫困程度更为严重、波动性更大，贫困人口应对外部冲击的脆弱性更加明显，因此相比经济视角的单维度贫困测度，多维贫困测度能够更好地反映贫困的真实状况与动态演变（张建华等，2010；邹薇、方迎风，2011，2012）。

3. 社会视角

社会视角引入社会排斥的概念，把贫困研究从经济领域推向更为广阔的政治和社会领域。这一视角认为，贫困不仅指收入不足、能力不足，还意味着在劳动力市场、政治参与、社会关系和社会福利等方面被排斥在主流社会之外,无法享有正当的权利和机会(Gordon, D. et al., 2000)。社会视角不仅关注导致贫困的分配方面的因素,而且关注导致贫困的社会关系方面的因素;不仅关注物质资本与人力资本的匮乏,还关注社会资本的匮乏;不仅关注物质剥夺、能力剥夺,还关注社会剥夺,因此,它关注剥夺的多元特征,为理解导致贫困的累积性因素和动态的致贫过程提供了一种富有洞察力的观察视角(钱志鸿、黄大志,2004;韦革,2009;杨冬民,2010)。

社会排斥的概念最早出现于法国,最初主要用于分析经济领域的贫困与排斥现象,后来逐渐超出经济领域,扩展到社会、政治生活领域,成为贫困问题的一种重要分析视角(彭华民,2005,2007:11~12)。英国政府从经济排斥、劳动力市场排斥、公共服务排斥、社会关系排斥等多个维度动态评估英国的社会排斥情况。联合国开发计划署将社会排斥定义为无法获得应有的经济、政治、社会和文化权利以及缺乏获得实现这些权利的社会渠道(丁开杰,2009)。对于社会排斥的概念众说纷纭,多数定义主要从如下三个方面来界定社会排斥。

第一,从动态发展的过程性视角来界定,它意味着这样一个过程:个人或群体被全部地或部分地排斥在充分的社会参与之外。

第二,从发生的多维度、多面向来界定,如把社会排斥界定为经济排斥、政治排斥和文化排斥等,包括无法获得各种经济和社会服务。

第三,从引起的社会后果来界定,如强调低收入、不稳定的工作、恶劣的居住条件、家庭压力和社会疏离等(乌德亚·瓦尔格,2003)。

从贫困概念到社会排斥概念的转变,是一个历史性变化,而不仅仅是概念的变化,这种变化就是从静态到动态、从单维到多维、从注重分配到注重社会权利关系的转变(Saraceno, C., 1997:145)。贫困更强调一种静态的结果和状态,社会排斥更强调一种动态的过程;贫困更强调收入和财富等物质资本的不足,社会排斥更强调社会资本的不足和多面向的社会剥夺（曾群、魏雁滨，2004；曾群，2006）。贫困的概念往往让人更加关注贫困现象本身，而社会排斥的概念使人更加关注贫困现象的本质及背后的深层原因（王小林，2017：13）。正如瓦尔格所说："一些人尽管拥有足够的收入和足够的生存手段，也就是说足以满足消费，包括衣、食、住，但他们可能仍然很穷。同样，一些人尽管拥有能力，他们也可能依然很穷。一个人如果被排斥在主流经济、政治以及公民、文化的活动之外（这些活动已经深深植入人类幸福的观念之中），那么即便拥有足够的收入、足够的能力，他也依然可能很穷。所以说，社会排斥的概念超越了经济的和能力的幸福观。"（乌德亚·瓦尔格，2003）。

美国社会学家威尔逊（William Julius Wilson）的社会孤立理论为从社会视角分析贫困问题提供了一个经典范例，他在分析美国城市聚居区底层阶级（underclass）的贫困问题时提出了社会孤立（social isolation）的概念。威尔逊认为，美国城市贫困问题急剧恶化是各种经济社会变迁的必然结果，其中一个重要的结构变化是，伴随二战后美国经济转型和社会变迁，许多制造业企业及其所提供的就业机会从城市迁往郊区，中产阶级与上班族因而大量迁出城市，这种变化的必然结果是郊区成为人口和经济活动的重心，城市内城区走向衰落并逐渐成为穷人集中的地带。

城市发展的这种错位，不仅在地理上隔离了城市贫民，也在心理、社会和文化上孤立了他们，威尔逊将此称为"社会孤立"："社会孤立——在此界定为缺乏与代表主流社会的个人和制度的联系或持续互动……不仅意味着不同阶级和种族背景的群体之间的联系要么缺乏，要么间断，而且也意味着现有的这种联系状况，强化了生活在高度集中的贫困区域的效应。"（威廉·朱利叶斯·威尔逊，2007：84~85）社会孤立限制了城市贫困者的生活机会，包括"他们获得工作的渠道，能否进入职业网络，婚配对象的选择范围，能否进入优秀的学校，以及是否接触到主流的角色榜样"（威廉·朱利叶斯·威尔逊，2007：85）。威尔逊的结论是内城区贫困问题的恶化是经济转型造成的社会孤立的结果，是社会隔绝了穷人，抛弃了穷人。

三　贫困治理模式发展

从历史发展的角度看，伴随经济社会发展水平的提高和人类对贫困认识的不断深化，人类对贫困问题的治理经历了一个范式发展的过程，这集中体现为贫困治理主体发展和贫困治理方式发展两个方面。

首先，从贫困治理的主体看，人类对于贫困的治理经历了从以民间济贫为主到以政府济贫为主再到政府、企业与 NPO 三方合作扶贫的发展过程。

在前现代化时期，贫困普遍被认为是个人疾病、伤残、懒惰和不道德的结果，因此，政府对贫困者尤其是有劳动能力的贫困者采取排斥甚至惩戒的态度（田凯，2004）。这时民间组织是济贫的主要力量，国家的介入只是边缘性的（黄黎若莲，2001）。19 世纪大规模的工业化以后，贫困日益成为一种重要的社会问题，在这种条件下，单靠民间慈善活动的传统济贫模式已远远不能满足济贫需求，国家由此开始大规模地介入济贫活动中来，试图通过建立福利国家模式来消除贫困及其相关社会问题（Neil Gilbert、Paul Terrell，2003：45；安东尼·哈尔、詹姆斯·梅志里，2006：5~6）。

20 世纪 70 年代以后，伴随经济改革和社会转型，福利国家的神话破灭，福利多元主义风起云涌，政府在贫困治理中的作用相对弱化。一方面，随着全球公民社会的发展，NPO 异军突起，掀起了一场"全球结社革命"，其广泛参与贫困治理、民权运动、环境保护、消费者保护等社会生活的各个领域，日益形成一股重要的社会力量（莱斯特·萨拉蒙，2002）。另一方面，伴随新自由主义的兴起，市场在资源配置中的决定性作用被重新肯定，西方福利国家开始了对社会福利和公共服务的大规模私有化改革（privatization reform）（E. S. 萨瓦斯，2002：4，350）。自此以后，政府在公共事务管理中的垄断地位被打破，政府、市场与公民社会"三足鼎立"的格局在西方发达国家逐渐形成（李丹，2006）。

在这种背景之下，贫困治理日益强调引入市场和 NPO 的力量，通过政府与企业界、NPO 等多元主体构建合作伙伴关系，从而达到协同治理的效果。这种贫困治理"寻求把多种不同的社会制度，包括市场、社区和国家，动员起来，以增进人民的福利"，旨在将国家强大的资源动员能力与私营部门的高效率以及非营利组织对社会公正的关注相结合，同时发挥国家的优势、社会的优势与市场的优势，相互补充、互相完善（安东尼·哈尔、詹姆斯·梅志里，2006：191～193）。亚洲开发银行把政府、企业界与非政府组织合作扶贫看作三大扶贫战略之一（亚洲开发银行，2004），明确指出："改善亚洲开发银行、非政府组织和政府三方间的合作，群策群力促进助贫型的可持续性发展、社会进步和良好的治理机制，以摆脱亚太地区的贫困状况。"（亚洲开发银行，2003b）世界银行认为，通过政府、企业界和 NPO 等共同合作，其可以从扩大经济机会、促进赋权和加强安全保障三个方面形成持续性的扶贫动力（世界银行，2001）。

其次，从贫困治理的方式看，人类对于贫困的治理经历了从物质资本导向型救助式扶贫到人力资本导向型开发式扶贫再到社会资本导向型参与式扶贫的发展过程。

在现代化的早期阶段，贫困主要被看作一种经济现象，即由于经济剥夺和物质匮乏，个人或家庭的生活水平低于社会可接受水准的现象。既然贫困的主要原因是经济剥夺和物质匮乏，那么，扶贫的关键是从经济层面对贫困者进行物质资本救助，即由国家和社会为他们提供一定的经济支持和物质救助，使其生活得到基本保障（郑志龙，2007）。这种扶贫方式属于传统的救助式扶贫，其核心是收入援助（income support），即通过社会政策体系为贫困者提供各种收入补贴和福利服务，使其收入和消费水平达到一定的标准，从经济上保障其基本生活。对此，美国学者谢若登有精辟的总结："在西欧和北美发达的福利国家，对穷人的社会政策一直主要基于收入观点，即物品和服务的供应。不论是健康医疗、住房、直接财政救助、教育或者其他领域的福利，重点一直在所消费或接受的物品和服务的

水平。这种政策的基本假定是，贫困和困难产生于资源供应的不足。"（迈克尔·谢若登，2005：3~4）

物质资本救助是扶贫开发的基础，它可以缓解贫困问题，保障贫困人口的基本生活，但是仅仅依靠物质资本救助不能从根本上解决贫困问题。因为贫困不仅是物质匮乏，而且涉及能力低下、社会排斥等更多深层次的因素，不触及这些深层因素而仅仅提供经济支持不可能帮助贫困者摆脱贫困。物质资本救助式扶贫主要局限于消极的救助补偿，强调扶贫的"输血"功能，忽视了它的"造血功能"，既难以持续有效地帮助贫困者实现生存权、满足他们的基本生活需要，更遑论从根本上帮助他们摆脱贫困、实现发展权，反而有可能造成贫困者陷入"低收入—低消费—低收入—低消费"的恶性循环，从而形成一个代际传递的持续性贫困群体（I. P. 盖托碧、卡利德·山姆斯，1996：12；迈克尔·谢若登，2005：214~216）。

自从20世纪60年代美国著名经济学家舒尔茨（Thodore W. Schults）和贝克尔（Gary S. Becker）等人提出人力资本理论之后，国际社会日益重视人力资本在经济发展和扶贫开发中的作用。自此，一种新的强调人力资本投资的开发式扶贫模式逐渐兴起。舒尔茨明确指出："贫困国家的经济之所以落后，其根本原因不在于物质资本短缺，而在于人力资本的匮乏和自身对人力资本的过分轻视。"（T. W. 舒尔茨，1992：16）人力资本理论认为，人力资本投资是生产性投资，而且是比物质资本投资效益更高的投资，因此，增加对贫困人口的投资、提升他们的人力资本存量，可以帮助贫困人口摆脱"低收入—低人力资本—低收入"的贫困陷阱（poverty traps）（高鉴国、展敏，2005：160）。按照人力资本理论，贫困不仅是物质资本不足，更重要的是人力资本匮乏，表现为教育、知识、技能、营养、健康不足。因此，要从根本上消除贫困，传统的物质资本救助式扶贫根本无法胜任这一重任，必须推行开发式扶贫。

开发式扶贫不再局限于传统的收入再分配，而是强调人力资本投资，认为扶贫的根本之道是开发贫困者的人力资本，即把扶贫资源投到具有促进教育、就业、劳动技能以及低成本高效益的社会项目上，通过发展教育、培训、技术、就业、卫生保健等综合配套服务开发贫困者的人力资本，使其形成自我积累和自我发展的能力（梁祖彬，2004；杨团、孙炳耀，2005）。人力资本开发式扶贫的核心是改变救助贫困者的方式，即"在可能的情况下尽量在人力资本上投资，而最好不要直接提供经济资助"（安东尼·吉登斯，2000：107）。对此世界银行有着非常精辟的总结："回顾以往的发展经验，要迅速改善穷人的生活素质，并能在政治条件上保持不断提高，最有效的途径是从两方面实行减轻贫困的战略。第一方面是寻求一种能保证穷人最丰富的资产——劳动力——用于生产建设的发展模式。第二方面是广泛地向穷人提供基本的社会服务，特别是初等教育、基本卫生保健和计划生育。第一方面是提供机会；第二方面是提高穷人利用这些机会的能力。"（世界银行，1991：3）

相比物质资本救助式扶贫，人力资本开发式扶贫是一种巨大的历史进步。它不仅关注贫困者的经济贫困，更关注他们的能力贫困；不仅重视贫困者的生存权，更重视他们的发展权；不仅强调保障贫困者的基本生活，更强调开发他们的发展潜力。但是，这种扶贫方式也是有缺陷的，它只是注意到了能力贫困，"却没能够看到陷人于贫困的社会、政治和心理过程。这意味着，如果没有考虑经济、政治、公民权利以及文化方面的排斥，任何关于贫困的讨论都不完整……虽然一些人拥有足够的收入、消费和基本能力，但他们仍然有可能陷入贫困，因为他们被各种社会过程排斥"（乌德亚·瓦尔格，2003）。换言之，人力资本开发式扶贫将贫困化约为个人能力不足的"个人困扰"，未真正认清贫困的"公共问题"特征，更未从根本上触及衍生贫困的政治、社会乃至文化等结构性机制。

20世纪80年代以后，随着社会排斥概念的广泛兴起，人们逐渐认识到贫困不仅是经济剥夺、物质匮乏、能力低下等个人问题，更是权利剥夺、社会排斥等社会问题，它意味着贫困者在劳动力市场、政治参与、社会关系和社会福利等方面被排斥在主流社会之外，无法享有正当的权利和机会

（Berghman，J.，1995；Gordon，D. et al.，2000）。因此，扶贫开发不仅要向贫困者提供物质资本救助、开发他们的人力资本，还要加强他们在经济、政治、社会和文化等方面的社会参与，缓解他们所遭受的社会排斥问题，帮助他们更好地融入经济和社会生活。在这种情况下，一种重视穷人参与主体性和社会资本投资的参与式扶贫方式（Participatory Poverty Reduction）逐渐在国际开发援助领域应运而生。

参与式扶贫源于参与式扶贫评估（Participatory Poverty Assessment，缩写为 PPA），强调扶贫活动的多层次、多主体参与，包括从国家或地区层面的扶贫政策制定，到涉及社区发展的公共参与，再到个人的参与式贫困评估。参与式发展的思想最早由美国学者厄普霍夫（Norman Uphoff）提出，他认为，发展对象不仅要参与发展，还要作为受益方参与检测和评估，这个思想引申出参与式扶贫评估（李小云，2001：58）。从 20 世纪 80 年代开始，参与式发展为世界银行、联合国开发计划署、亚洲开发银行等国际机构所积极倡导和推动，在发展中国家和地区逐步得到广泛应用（迪帕·纳拉扬等，2001，2003，2004；伊琳·吉特、米拉·考尔·莎，2004；李小云，2005；叶敬忠、刘燕丽、王伊欢，2005；周大鸣、秦红增，2005：42；Cornelias Ncube，2005；Blanca Moreno-Dodson，2006；Widjajanti I. Suharyo et al.，2006，2009）。20 世纪 90 年代以后，参与式扶贫被引入中国扶贫开发领域，开始成为中国农村扶贫开发的一种重要战略（李小云，2005：134 ~ 135、228 ~ 229；周大鸣、秦红增，2005；杨小柳，2008）。

参与式扶贫认为，贫困不仅是一种低收入和缺乏能力的状态，更是一个贫困者在经济、政治和社会活动中因参与不足而被边缘化的过程（李小云，2005：16 ~ 17）。因此，要从根本上消除贫困，必须尊重贫困者的主体性，鼓励他们成立自己的组织、表达自己的声音，在更大范围促进贫困者的社会参与和社会融入。迪帕·纳拉扬（Deepa Narayan）等人通过对世界银行参与式扶贫项目所涉及的 50 个国家 4 万多穷人的实地研究表明，要有效消除贫困，必须充分尊重穷人在扶贫开发和社会发展中的主体性，加强其在经济、政治、社会和文化生活中的参与性，鼓励他们成立自己的组织、表达自己的声音、维护自己的权益，从而从根本上改变穷人在公共政策中的不利地位，帮助他们获取应有的经济、政治、社会和文化权利（迪帕·纳拉扬等，2001，2003，2004）。参与式扶贫特别强调援助者和被援助者的共同参与、共同努力和共同受益，通过自上而下的国家赋权与自下而上的社会参与相结合，帮助穷人在参与中赋权、在赋权中参与。参与式扶贫重视政府、市场、NPO、社区和贫困者等不同层面的发展主体共同参与扶贫项目，广泛构建政策伙伴关系，积极整合多方资源形成帮扶合力，从而更好地促进贫困人口的社会资本建设和可持续发展（叶敬忠、刘燕丽、王伊欢，2005：11~12；李兴江、陈怀叶，2008；楚永生，2008）。

与传统扶贫方式相比，参与式扶贫具有如下明显的特征和优势。

第一，更加强调扶贫主体的多元性，即发动政府、企业界、NPO、社区、贫困者等多元主体建立政策伙伴关系，共同参与扶贫开发项目及其实施过程（叶敬忠、刘燕丽、王伊欢，2005：11~12），整合官、商、民跨界别资源，构建"大扶贫格局"，这有助于促进扶贫政策模式创新，拓展扶贫资源的来源渠道，提高扶贫项目的有效性、效率、问责性与可持续性（Karl，M.，2000；Hjorth，P.，2003）。

第二，更加强调对贫困者的赋权，即通过简政放权、政策引导、教育培训等各种方式，支持贫困者参与扶贫项目的规划、实施、检测和评估的各个过程，帮助贫困者在赋权中提升自己在扶贫项目乃至公共政策中的发言权、决策权和监督权（伊琳·吉特、米拉·考尔·莎，2004：2~3；李小云，2005：118~119；荣尊堂，2006：2），这有助于促进贫困者的社会参与和社会资本建设，帮助他们更好地表达自身的利益诉求、更好地分享发展成果（Karl，M.，2000；UNESC，2005）。

第三，更加强调贫困者的主体性，即引导贫困者主动思考脱贫方式方法、主动参与扶贫项目实践、主动提升自我发展潜能，这有助于帮助贫困者摆脱贫困文化和福利依赖的陷阱，增强自我管理、自我服务、自我发展的自主意识和自助能力，构建可持续脱贫机制（Bereford，P. and Hoban，M.，2005）。

　　总之，传统扶贫模式多采用"政府包办"扶贫项目的做法，未充分关注和尊重贫困者的主体性，往往将贫困者视为扶贫政策的被救助者、受益者和表达感激者，而忽略了他们作为扶贫政策的参与者、影响者乃至决策者的应有地位和作用，这种扶贫模式往往加剧了贫困者的弱者地位，甚至助长了周期性"返贫"现象（沈红，2002；古学斌、张和清、杨锡聪，2004）。参与式扶贫充分尊重贫困者的主体性并将受助人视为发展的主体以及合作伙伴（杨小柳，2008：56~58），在加强外源性发展的基础上促进内生性发展，构建"政府救助 + 社会互助 + 个人自助"的"大扶贫"格局，促进贫困者的能力提升和社会融入。在政策实践和项目实施过程中，参与式扶贫一般将贫困者看作与政府、市场和 NPO 等量齐观的参与者、合作者、影响者，将资源的决策权、使用权和控制权交给他们，由他们决定项目的具体执行、监督和管理，在地方层面逐步建立自我组织、自我管理、自我发展的可持续性扶贫开发机制（李兴江、陈怀叶，2008；楚永生，2008）。

四　社会资本扶贫的理论含义

　　综上所述，人类对贫困的认识经历了一个从经济贫困到能力贫困再到社会排斥的不断深化的过程，与之相适应，对贫困的治理经历了从物质资本导向型救助式扶贫到人力资本导向型开发式扶贫再到社会资本导向型参与式扶贫的不断拓展的过程。贫困是一个历史性、社会性的问题，在不同的历史时期和发展阶段，在不同的国家和地区，贫困问题的形式、性质、成因乃至扶贫策略往往是不同的。相对而言，发展中国家更加关注经济贫困和贫困人口的生存性需求，更加重视救助式扶贫；发达国家更加关注能力贫困和贫困人口的发展性需求，更加重视开发式扶贫和参与式扶贫。

　　对比物质资本扶贫、人力资本扶贫、社会资本扶贫三种扶贫模式，不难发现它们在政策导向、扶贫方式、扶贫目标等方面存在范式性差异（见图 2 - 1）。

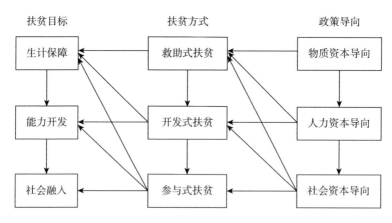

扶贫目标　　　　　　扶贫方式　　　　　　政策导向

图 2 - 1　扶贫开发的三种模式

首先，政策导向不同。物质资本导向型扶贫模式主要致力于增加贫困者的物质资本（physical capital），从收入、消费、福利等方面改善他们的物质生活条件，解决经济剥夺和物质匮乏的问题。物质资本是扶贫的重要经济基础，可以有效缓解经济贫困的问题，但不足以从根本上解决能力贫困和社会排斥的问题。人力资本导向型扶贫模式主要致力于开发贫困者的人力资本（human capital），从教育、知识、技能等方面提升他们的自我发展能力，解决能力缺乏和素质不足的问题。人力资本是扶贫的重要能力基础，可以有效缓解能力贫困的问题，但不足以完全解决社会排斥的问题。社会资本导向型扶贫主要致力于发展贫困者的社会资本（social capital），从经济参与、社会关系、文化认同等方面促进他们的社会融入，解决社会排斥的问题。作为个人与社会的联系纽带，社会资本是扶贫的重要社会基础，可以有效缓解社会排斥的问题。

其次，扶贫方式不同。物质资本导向型扶贫模式主要采取救助式扶贫的方式，即从外部为贫困者提供现金、实物等各种收入援助和福利服务，保障贫困者的基本生活。救助式扶贫又被称为救济式扶贫，属于"输血式"扶贫的一种方式，侧重外部援助和基本保障，忽视了对贫困者主体性与个人潜能的开发，容易造成"治标不治本"、福利依赖的问题。人力资本导向型扶贫主要采取开发式扶贫的方式，即从教育、培训、就业、生产等方面开发贫困者的人力资本，提升其自我发展能力进而使其摆脱贫困。开发式扶贫注重开发人力资本和个人潜能，强调帮助贫困者形成自我积累和自我发展的能力，属于"造血式"扶贫的一种方式。社会资本导向型扶贫主要采取参与式扶贫的方式，即扩充贫困者的社会支持网和社会参与渠道，以扶贫开发项目为载体，让他们在参与经济、社会和文化活动的过程中解决遭受边缘化和社会排斥的问题，提升其参与经济、融入社会的能力。

最后，扶贫目标不同。物质资本导向型扶贫模式的主要目标是保障贫困者的基本生活、缓解经济贫困的问题，其常见政策手段有最低生活保障、社会救助、特困人员生活帮扶、民政兜底等。人力资本导向型扶贫的主要目标是开发贫困者的个人潜能、解决能力贫困的问题，其常见政策手段有就业扶贫、产业扶贫、教育扶贫、医疗扶贫等。社会资本导向型扶贫的主要目标是缓解贫困者的社会排斥、促进其社会融入，其常见政策手段有社区主导型发展、参与式扶贫评估、公私伙伴关系等。与前两种扶贫模式相比，社会资本导向型扶贫更加强调多元主体构建公私伙伴关系[①]，更加强调贫困者的社会参与和社会资本建设，更加强调营造互爱、互助、接纳、共融的社会氛围，帮助贫困者提升参与经济、融入社会的能力。

总之，贫困是一个多维的社会问题，既包括收入不足、经济资源不足，也意味着能力匮乏、社会排斥，不同时期、不同国家和地区的贫困问题往往具有不一样的表现形式、量度标准、形成机制。世界银行指出，贫困研究的多维视角（multidimensional view）主张把教育、基本生活资源的可获

[①] 关于公私伙伴关系（Public-Private Partnerships，英文简称 PPP）的概念目前国内外理论与政策界并无一个公认的说法，例如，联合国、欧盟委员会、美国、加拿大等对此的定义众说纷纭（贾康、孙洁，2009）。尽管见仁见智，但多数研究者认为，公私伙伴关系是指政府、企业和社会组织，通过服务购买、租赁、特许经营、承包等形式建立合作伙伴关系，共同生产和提供公共服务。PPP 是西方发达国家提供公共服务的主要方式之一，虽然 PPP 在我国公共服务供给中得到了广泛应用，但与西方发达国家相比，我国在社会服务领域特别是在扶贫开发领域对 PPP 模式的重视和应用依然不够。

得性、消费水平、卫生医疗、社会保障都纳入贫困的考量范围，就全球范围而言，根据多维视角界定的贫困人口总数大约比单纯根据收入水平界定的贫困人口总数多了50%（The World Bank，2019a，2019b，2019c）。

贫困的多维性决定了扶贫的多维性，正如单一视角的贫困无法全面、客观地反映现实世界的贫困问题，单一视角的扶贫政策也无法有效解决现实世界的贫困问题。物质资本导向型、人力资本导向型、社会资本导向型三种扶贫模式分别重点针对经济贫困、能力贫困和社会排斥，采取不同的扶贫方式和政策手段，具有各自的优势和不足，在扶贫开发领域具有相互补充、相互促进的关系。因此，扶贫开发无需在三种扶贫模式之间做非此即彼的选择，而要加强三种扶贫模式的协同配合，打好政策组合拳，发挥它们相互补充、相互促进的关系。总之，不同国家和地区，要结合其经济社会发展水平和扶贫开发实际需求，综合运用物质资本、人力资本和社会资本的理论及其政策工具进行扶贫开发。

第三章
社会资本扶贫的实践经验

在 20 世纪 90 年代以后，由于社会资本理论的影响日益扩大，社会资本在社会发展与扶贫开发中的作用得到越来越广泛的认可。在世界银行等国际组织的大力推广下，社会资本理论与方法在发展中国家的扶贫开发实践中得到了广泛应用。在中国内地，社会资本的扶贫作用尚未引起足够重视，在扶贫政策上的应用和经验也不多。伴随丰裕社会的来临以及贫困问题的变化，中国需要不断创新扶贫政策的理念、模式和方法，不仅要充分运用物质资本理论、人力资本理论的政策工具，也要引入社会资本的概念和政策工具。本章在回顾社会资本理论研究的基础上考察社会资本在国内外扶贫开发的政策应用，探讨社会资本扶贫开发对中国扶贫政策创新的启示意义。具体内容上，本章首先简要评述社会资本的定义与量度方法，再探讨社会资本在国际扶贫开发的政策应用及经验，接下来回顾中国扶贫开发的模式演变以及社会资本扶贫开发的政策应用，最后探讨社会资本扶贫开发国内外经验对中国扶贫政策创新的启示意义。

一　社会资本的定义与量度

虽然社会资本的思想萌芽可以追溯到 19 世纪，并且这个概念在其后一个半世纪的时间里被许多研究者运用，但是直到 20 世纪 80 年代以后经由布迪厄、科尔曼和普特南等人的开创性研究，社会资本的概念才得以蜚声国际学术界，不仅在理论上成为最具影响力的分析工具之一，也在实践上被视为促进经济发展、包治社会百病的"灵丹妙药"。

1. 社会资本的定义

早在 19 世纪三四十年代，托克维尔就注意到了社会资本的作用，认为深厚的公民结社传统和广泛的公民参与是美国民主得以成功的重要原因（Emanuele Ferragina，2010）。在 19 世纪末，法国社会学家迪尔凯姆探讨了社会交往和社会整合有助于减少"失范"、自杀等社会问题（埃米尔·迪尔凯姆，2018），验证了社会资本对于社会关系和身心健康的重要性。1916 年美国社区改革者哈尼范（Lyda Judson Hanifan）首次使用社会资本的概念并以此来解释当时美国部分乡村学校取得成功的原因（Hanifan，L. J.，1916：130 – 138；1920）。1961 年美国学者雅各布斯（Jane Jacobs）运用社会网络的概念解释了社区公共安全的形成（Jane Jacobs，1961：138）。1969 年美国政治学家萨利斯伯瑞（Robert Salisbury）把社会资本视为利益集团形成的关键纽带（Robert Salisbury，1969：1 – 32）。1977 年美国经济学家洛瑞（Glenn Loury）把社会资本的概念引入经济学，认为社会资本与物质资本、人力资本一样是重要的社会结构资源（Glenn Loury，1977）。

虽然在 20 世纪 80 年代以前许多学者使用了社会资本的概念，但并没有人对社会资本进行系统的研究，也未能让这一概念在国际学术界产生很大的影响。

法国社会学家布迪厄是当代第一个对社会资本概念进行系统论述的学者（Don Cohen and Laurence Prusak，2001：4），他将社会资本定义为："实际的或潜在的资源集合体，这些资源与对某种持久性的关系网络的占有密不可分，这一关系网络是大家共同熟悉的、得到公认的，或者换句话说，它与群体的成员身份相联系，从该群体集体拥有的角度为其成员提供支持"。（Bourdieu，P.，1986：248）根据这个定义，社会资本包括两个方面的构成要素：一是社会关系网络本身，它可以帮助个人获取其所在群体拥有的资源；二是与社会关系网络联系在一起的资源的数量和质量（Portes，A.，1998：4）。

美国社会学家科尔曼进一步深化了社会资本研究，他认为，社会资本是个人拥有并表现为社会结构资源的财产，由构成社会结构的要素组成，主要存在于人际关系的结构之中，并为嵌入结构内部的个人行动提供便利。与物质资本和人力资本一样，"社会资本是生产型的，它使得某些目标的取得成为可能，而这些目标在缺少社会资本的条件下，是不可能实现的"（Coleman, J. S., 1990：302）。与其他形式的资本不同，社会资本是一种"社会结构性资源"，存在于人际关系的结构之中，既不依附于独立的个人，也不存在于物质生产的过程之中（Coleman, J. S., 1988：94；1990：302）。

美国政治学家普特南把社会资本的概念引入更为广阔的社会政治生活分析中，他认为，"与物质资本和人力资本相比，社会资本指的是社会组织的特征，例如信任、规范和网络，它们能够通过推动协调和行动来提高社会效率。社会资本提高了投资于物质资本和人力资本的收益"（罗伯特·普特南，2000；罗伯特·普特南，2001：195）。社会资本不是一种个人的私有财产，而是一种为特定社区或群体所共有的"公共物品"，和空气、街道等这些公共物品一样，它不能由单个人或部门提供，而是社会公共活动的副产品（Robert D. Putnam, 1993；1995a：664 – 683）。

布迪厄、科尔曼和普特南被公认为社会资本研究的奠基人，在这一领域做出了开创性贡献。布迪厄第一次对社会资本的概念进行了系统论述，科尔曼深化并拓展了社会资本的概念，普特南将社会资本概念拓展到更广阔的社会政治生活中。经由布迪厄、科尔曼和普特南的开创性研究，社会资本逐渐超出了社会学的界限，进入政治学、经济学等其他学科领域，成为当代社会科学领域最具影响力的分析概念和理论视角之一（夏建中，2007；周红云，2011：12 ~ 13）。

除上述三位社会资本研究的奠基人之外，美国学者波茨（Alejandro Portes）、伯特（Ronald S. Burt）和林南（Lin Nan）也被视为社会资本研究的领军人物。

波茨认为，社会资本是"个人通过他们的成员身份在网络中或者更广泛的社会结构中获取稀有资源的能力"（Portes，A.，1995：12～13）。

伯特认为，社会资本是指朋友、同事和更普遍的社会关系以及通过这些社会关系来获取资源的机会（Ronald S. Burt，1992：9）。他提出了著名的"结构洞"（structural holes）观点：结构洞是指在社会网络中某些个体之间发生直接联系，但与其他个体不发生直接联系，"结构洞"使拥有这些联系的行动者可以通过对信息的获取和对资源的控制而获得竞争优势（Ronald S. Burt，1992）。

林南将社会资本定义为"行动者在行动中获取和使用的嵌入在社会网络中的资源"，认为社会资本包括三大要素：①嵌入在社会关系中而不是个人中的资源；②个人获取这些社会资源的能力；③个人在目的性行动中动用这些社会资源（林南，2003；2005：24）。

总之，国际学术界广泛认可社会资本是继物质资本、自然资本、人力资本后被发现的一种新型资本，在很多方面与物质资本和人力资本具有相同的资本属性，如需要通过积累而成、产生规模效应、具有生产性等（燕继荣，2015：94～96）。但对于社会资本的定义则见仁见智。前文所列举的是公认的具有代表性的定义，其他的定义不胜枚举，受篇幅所限这里不予赘述。导致社会资本定义见仁见智的一个重要原因是社会资本是一个多面向的（multifaceted）概念，社会资本的分类标准不同，其定义也相应不同（帕萨·达斯古普特、伊斯梅尔·撒拉格尔丁，2005）。大体而言，国内外学术界对社会资本的分类主要基于如下几种标准（见表3-1）。

表3-1 社会资本的常见分类标准

序号	分类标准	社会资本类型
1	是个人物品还是公共物品？	个体社会资本与集体社会资本
2	是微观、中观还是宏观层次？	微观、中观与宏观层次的社会资本
3	是群体外关系还是群体内关系？	外部性社会资本与内部性社会资本
4	是正式制度还是非正式网络？	政府社会资本与民间社会资本
5	是客观可观测物还是主观抽象物？	结构性社会资本与认知性社会资本

序号	分类标准	社会资本类型
6	是群内同质关系还是群外异质关系？	联结型社会资本与桥接型社会资本

一是个体社会资本与集体社会资本。

个体社会资本是指个人通过其社会网络可以获取的社会资源，被视为一种"个人物品"。个体社会资本研究关注的核心有两个方面：①个人如何在社会关系中投资；②个人如何获得嵌入在关系中的社会资源以产生回报。集体社会资本被视为一种"公共物品"，是一个组织、群体、社区甚至整个社会所拥有的社会资源。集体社会资本研究关注的核心有两个方面：①特定的社区或群体如何发展并维持一定的社会资本作为集体物品；②社会资本作为集体物品如何服务于增进群体成员的集体福祉。

二是微观、中观与宏观层次的社会资本。

微观层次的社会资本是指个体和家庭之间的水平网络以及构成这些网络基础的有关规范和价值观（Christian Grootaert and Thierry van Bastelaer，2002）。这一层次的社会资本研究主要关注在特定社会情境中个体通过社会网络动员资源的能力及行动结果。中观层次的社会资本研究主要关注特定社会网络的结构化、网络内部联系状况以及资源是如何从网络中产生出来的，而不是组成网络的个体。宏观层次的社会资本研究侧重从宏观的社会结构背景来探究"外在"经济、政治和文化等因素对网络联系、网络结构、网络建构以及网络变化等情况的影响（Tomas Ford Brown，1999；托马斯·福特·布朗，2002）。

三是外部性社会资本与内部性社会资本。

有人将微观层次和中观层次的社会资本合称为"外部性社会资本"，因为这种社会资本产生于行动者的外在社会关系，其功能在于帮助行动者获取外部资源；将宏观层次的社会资本称为"内部性社会资本"，因为它产生于群体内部的行动者之间的关系，其功能在于提高群体的集体行动水平（Paul S. Adler & Seok-Woo Kwon，2002）。

四是政府社会资本与民间社会资本。

"政府社会资本"（government social capital）是指促进社会成员集体合作和相互信任的政府机构和正式制度，如法治、促进合同履行、良好监管等；"民间社会资本"（civil social capital）是指影响社会合作和普遍信任的共享价值、社团组织、非正式网络等（Collier, P., 1998）。前者体现了国家治理能力和正式制度的绩效，后者体现了社会自治水平和非正式制度的影响。

五是结构性社会资本与认知性社会资本。

有研究者区分了"结构性社会资本"（structural social capital）和"认知性社会资本"（cognitive social capital），前者是指相对客观的、可以从外部观察到的社会资本，包括网络、联系、制度、规则以及程序等，它促进了信息共享和集体行动；后者是指比较主观和抽象的社会资本，包括被普遍接受的行为规范、共享价值、互惠和信任等，它使人们更倾向于采取互惠行为（A. 克瑞奇纳、N. 厄普霍夫，2004；诺曼·厄普霍夫，2005）。

六是联结型社会资本与桥接型社会资本。

一些学者区分了"联结型社会资本"（bonding social capital）和"桥接型社会资本"（bridging social capital）的概念：前者是指互动频繁、具有较强同质性群体的内部关系，主要关注群体内部网络关系；后者是指不同群体或组织之间的联系，促进了群体与外部世界的联系（Bebbington, A., 1997；Deepa Narayan, 1999；D. C. Onyx, J. and Bullen, P., 2001）。一个群体要获得充分的发展，必须把"联结型社会资本"和"桥接型社会资本"结合起来，既要巩固强大的群体内部联系以实现高层次的内部整合，也要与异质性的外部群体发展联系以实现广泛的外部桥接（迈克尔·武考克，2000）。

2. 社会资本的量度

如前所述，尽管不同学者从不同的角度对社会资本进行了明显不同的定义，但多数学者承认，社会资本存在两个不同的基本分析层次：一是个体社会资本，它是个人可获取和使用的嵌在社会网络中的资源；二是集体社会资本，它是一个组织、群体、社区甚至整个社会所拥有的集体资源。作为社会资本的两个基本分析范式，个体社会资本与集体社会资本的测量方法大相径庭。

对个体社会资本的测量集中在对个人社会网络状况的测量，主要包括如下两个方面。

第一，对嵌入在个人社会网络之中、可以为个人所获取资源总体的测量，旨在考察个人对社会资本的拥有情况（林南，2003）。这方面常见的测量指标包括网络规模、网络密度、网络异质性和中心度等。一般认为，网络规模大，网络中弱关系所占比重大，网络密度较高、网络成员联系密切，那么网络中蕴含的社会资本就更丰富。

第二，对个人在目的性行动中所实际动用的社会资本的测量，旨在考察个人对社会资本的使用情况（林南，2005）。格兰诺维特的"弱关系力量"（Mark Granovetter，1973）和边燕杰的"强关系力量"（Yanjie Bian，1997）的理论说明，关系强度反映了个人实际所能够动用的社会资本。除关系强度外，关系人的社会地位也是反映个体"动用社会资本"的重要指标。一般认为，关系人的社会地位越高，其拥有的社会资源越丰富，个人能够动用的社会资本就越丰富。

普特南是较早对集体社会资本进行测量的学者，产生的影响也最大。普特南认为，社会资本主要包括信任、互惠规范和网络三大要素，可以通过一个国家或地区中人们相互信任的程度以及参与公共活动的水平来量度。普特南在研究美国的社会资本时，用投票率、对政府的信任程度以及参加各种社团组织的人数等指标来反映社会资本发展水平，最后得出美国社会资本在 20 世纪 60 年代至 90 年代急剧下降的结论（Robert D. Putnam，1995a；1995b；2000）。

福山将社会资本界定为"在社会或其下特定的群体之中，成员之间的信任普及程度"（Francis Fukuyama，1995：153 – 154），可以通过成员之间的普遍信任程度、互惠规范以及参与公共活动的水平来测量社会资本（弗朗西斯·福山，2003）。

世界银行资助制定的社会资本指标测量法是国际学术界在测量集体社会资本时广为采用的一种方法，该测量方法将社会资本操作化为六类指标和若干具体指标（Christian Grootaert，Deepa Narayan，Veronica Nyhan Jone and Michael Woolcock，2004）：

①群体与网络，包括参与正式组织和非正式网络的性质和程度、成员的参与情况、群体成员的多样性以及群体领袖的产生情况；

②信任和团结，包括对邻里、陌生人和政府各部门的信任程度；

③集体行动与合作，包括在社区中如何与他人合作、如何共同完成一些事业、如何共同面对社区危机；

④信息与交流，包括对大众传媒、通信工具以及公共服务方面的获得情况；

⑤社会凝聚与整合，包括社区差异的性质和程度、哪些成员被包容或者被排斥在公共服务之外；

⑥赋权和政治行动，包括人们对直接影响他们福利的制度有无控制措施。

正如福山所言，"社会资本概念最大的弱点之一，就是对于如何测量社会资本缺乏共识"（弗朗西斯·福山，2003）。国际学术界在测量个体社会资本方面尚有一套受到广泛认可的方法和指标，但对于测量集体社会资本依然是见仁见智，缺乏统一的方法和指标。个体社会资本与集体社会资本孰优孰劣，把信任、规范、网络当作集体社会资本是否妥当，对此国际学术界一直争论不休。

对于普特南等人把信任、互惠规范等作为社会资本并将其视为经济繁荣和社会发展的重要条件，一些学者，尤其是主张个体社会资本分析范式的学者，如林南和波茨等人提出了批评，认为这种做法存在定义模糊、概念泛化和循环论证的问题。然而，不可否认的是，自普特南等人以后，集体社会资本在国外学术界受到广泛关注，被引入社会学、经济学和政治学等跨学科领域的研究，成为经济社会发展和扶贫开发领域重要的理论范式和政策工具。

二 社会资本在国际扶贫开发中的应用

在 20 世纪 90 年代以后，社会资本的理论影响不断扩大，社会资本在社会发展与扶贫开发中的作用得到广泛认可，一些国际组织和国家纷纷引入社会资本的理论和方法来创新扶贫开发政策的模式及理念。在世界银行、联合国教科文组织、亚洲开发银行等国际组织的大力推广下，社会资本导向型扶贫模式在发展中国家和地区的扶贫开发实践中得到了比较广泛的应用。

从 1996 年起，世界银行在全球各地开展了一系列社会资本研究计划，大力倡导对贫困地区的社会资本建设，将发展社会资本作为缓解贫困的重要手段（罗家德，2005：55）。为了充分发掘社会资本的理论价值，开发社会资本的政策工具，1996 年世界银行在丹麦政府的资金支持下发起了"社会资本协会"（The Social Capital Initiative），该协会的主要目标有：①评估社会资本对于发展项目有效性的影响；②识别何种外在援助有助于社会资本的生长；③开发社会资本的评估指标并测量指标对发展项目的影响。

在世界银行的资助下，社会资本协会资助开展了 12 项系列研究，从微观、中观和宏观不同层次检视社会资本在经济发展和扶贫开发中的作用，其中 6 项研究集中探讨社会资本对家庭生计的直接影响（如增加收入）或间接影响（如扩大服务供给），5 项研究关注社会资本的积累及消亡过程（the process of accumulation and destruction）并识别影响社会资本生长的关键因素，1 项研究在评述关于社会资本测量的已有研究基础上发展社会资本的测量与评估工具。尽管上述 12 项系列研究的研究类型（既有理论研究，也有应用研究）和研究方法（既有量化研究，也有质性研究）不同，但它们的研究结果都表明，在受调查的国家和地区发展项目之中，社会资本始终是影响项目过程及其成效的重要变量，尤其在扶贫开发领域，社会资本是一种重要的政策工具，因为社会资本能够显著改善贫穷家庭的收入和福利，在提高农业产量、促进农民集体合作、改善农村发展环境等方面改善农村地区扶贫开发项目的效益和效果（Christian Grootaert and Thierry van Bastelaer，2001）。

20 世纪 90 年代以来，世界银行在亚非拉的许多发展中国家广泛推行参与式发展项目（Participatory Development Programs）和社区主导型发展项目（Community Driven Development Programs），把社会资本建设作为贫困地区和穷人扶贫开发的重要内容，通过加强跨界别合作、社区主导、穷人参与，增强贫困地区自我积累和自我发展的能力。2001 年世界银行在《2000/2001 年世界发展报告：与贫困作斗争》中指出，社会资本建设是消除社会排斥、促进穷人社会融入的重要路径，也是提升扶贫开发项目绩效、增强贫困地区可持续发展能力的重要保障，其中有三种形式的社会资本与贫困者及贫困社区的社会质量（Social Quality）息息相关：将贫困社区紧密联系在一起、促进贫困者集体合作的联结型社会资本（bonding social capital），将贫困社区与更广泛的异质性社会群体联系在一起、为贫困者带来更多社会资源和发展机会的桥接型社会资本（bridging social capital），将贫困社区与正式制度与国家机构联系在一起、为贫困者创造更多利益表达和政策受益机会的链接型社会资本（linking social capital）（世界银行，2001：127~131）。

投资社会资本被联合国教科文组织（UNESCO）纳入其全球扶贫开发计划的重要战略。联合国教科文组织认为，发展国家、市场与第三部门之间的政策伙伴关系，加强政府、企业、社会组织、社区等不同层面的跨界别合作，开展官商民共同参与的"大扶贫"，有助于动员和整合更广泛的扶贫开发资源，增加贫困社区的社会资本，缓解贫困人口遭受贫困和社会排斥的问题。

在《中期战略（2002～2007 年）》（Medium Term Strategy for 2002 - 2007）中，联合国教科文组织将动员和投资贫困地区的社会资本列为其三大扶贫开发战略之一，提出通过社会资本扶贫在内的三大扶贫开发战略努力消除贫困，特别是消除绝对贫困（The United Nations Educational, Scientific and Cultural Organization, 2002）。根据《中期战略（2002～2007 年）》，社会资本扶贫开发战略的目标是：促进扶贫开发和可持续发展目标的有效衔接，加强公营部门与私营机构的合作，通过能力建设和组织建设充分开发贫困者的社会资本，帮助他们更好地享受应有的经济、政治、社会和文化权利（The United Nations Educational, Scientific and Cultural Organization, 2006a: 13 - 14）。

就扶贫开发的具体政策和方法而言，联合国教科文组织所倡导的社会资本扶贫开发战略包括但不限于以下方面：构建政府、市场、第三部门之间的公私伙伴关系，最大化地整合跨界别资源，形成扶贫开发的合力；引入国际组织的扶贫理念和资源，鼓励社会组织承担扶贫开发项目，通过竞争、创新、示范来提高扶贫资源的使用效率；广泛动员和投资家庭、邻里、社区、地方政府、国家、国际组织等不同层面的社会资本，促进贫困社区的可持续发展和贫困群体的社会融入；聚焦穷人的能力建设和组织建设，鼓励和帮助穷人成立自己的组织、发出自己的声音、维护自己的权益（The United Nations Educational, Scientific and Cultural Organization, 2006b）。

亚洲开发银行（Asian Development Bank）认为，社会资本是促进包容性社会发展（inclusive social development）的重要政策工具，这是因为，它能够帮助贫困者改善认识自我和社会的方式，提高他们参与经济、融入社会的能力，缓解他们所遭受的边缘化和社会排斥问题（Asian Development Bank, 2004: 9）。"因为穷人对社会关系网依赖程度很大，营造社会资本对帮助他们实现必要的社会、经济和政治转变，谋求自我发展就具有关键性的意义，所以，开发活动所涵盖的范畴就要比单纯地改善基础设施、增加穷人的机会和对他们的服务要广泛得多。"（亚洲开发银行，

2003a：15~16）

1996 年亚洲开发银行在 11 个发展中国家资助开展了以参与式发展和能力建设为主题的扶贫开发活动，因为效果良好，亚洲开发银行又于 2000 年至 2001 年继续资助开展了 22 个参与式发展项目。在这些资助项目中，亚洲开发银行广泛推行参与式扶贫的方法和手段，加强政府、市场和第三部门之间的合作伙伴关系，促进贫困社区和当地居民的能力建设和社会融入。这些项目的实际经验表明，"只有当优化项目各个阶段的参与式活动得到重视和社会、经济和政治因素得到注意的情况下，深层次的参与才能得到实现，而在这些情况下，社会资本也才能得到提高"（亚洲开发银行，2003a：28）。

例如，亚洲开发银行资助的菲律宾城市贫民寮屋区发展项目，注重政府机构、社会组织、企业和社区之间的合作，加强地方机构建设和社区居民赋权，支持社区组织和居民参与影响社区发展的各种决策和项目，最终显著地增强了社区自我管理、自我服务和自我发展的能力，提升了社区的社会资本和可持续发展能力（亚洲开发银行，2003a：15~16）。

在以世界银行为代表的国际组织的大力推广下，以社会资本建设、社区主导发展、参与式扶贫为特色的新型扶贫政策在国际扶贫开发政策实践中得到了较为广泛的应用（Cornelias Ncube，2005；Blanca Moreno-Dodson，2006；Widjajanti I. Suharyo et al.，2006，2009）。20 世纪 80 年代中期巴西在其国内一些地区试点社区主导型扶贫开发项目，经过十余年的探索取得了显著的政策成效和经验。90 年代以后，巴西社区主导型发展模式被阿根廷、玻利维亚、加纳、危地马拉、尼泊尔、斯里兰卡等发展中国家所借鉴，广泛应用于扶贫开发政策实践中（Blanca Moreno-Dodson，2006：135－139）。

从 20 世纪 90 年代中叶起，巴西政府在全国推行"团结社区"（Comunidade Solidária）计划，旨在加强政府、企业与社会组织之间的三方合作，推动公民、邻里、社区、地区等不同层面的参与，动员跨界别资源，投资社会资本，帮扶弱势群体和贫困社区摆脱贫困并实现可持续发展，最终实现社会融入和社会团结的目标。"团结社区"计划由巴西政府发起和推动，由巴西政府部门、企业、社会组织等社会各界代表组成的管理委员会具体实施（Miguel Darcy de Oliveira，2002），在全国范围内资助实施参与式社区发展项目和社区主导型扶贫开发项目，支持在地区层面建立各种形式的伙伴关系和社区支持网络，通过投资社会资本、促进社会团结来改善贫困问题，促进社区可持续发展。

2002 年巴西政府得到国际复兴开发银行 4500 万美元贷款，实施了北里奥格兰德州农村扶贫项目，采用社区主导型发展模式，面向农村社区开展以基础设施、公共服务以及能力建设为主要内容的扶贫开发项目，通过这些项目资助了代表 40 万农村贫困人口利益的 2100 个社区协会，创造了 1.2 万个就业岗位，提高了受益人群的收入和社会福利水平，加强了贫困社区与地方政府部门之间的联系，促进了链接型社会资本（linking social capital）的发展。

1998 年印度尼西亚实施了著名的科卡玛丹发展项目，采取参与式发展和社区主导的方式，将扶贫开发项目及资金的规划和决策权下放到社区，由社区居民集体参与决策项目投放领域并负责管理项目实施及日常运营，以此促进社区赋权和能力建设，最终显著提高了社区贫困人口参与经济、融入社会的能力（Blanca Moreno-Dodson，2006：135 – 136）。在国际复兴开发银行 41 亿美元贷款的支持下，2009～2012 年印度尼西亚在全国范围实施了社区赋权项目，运用社区主导型发展、赋权和社会资本建设的政策手段，在贫困社区开展以基础设施建设、绿色生态保护、可持续发展能力建设等为主要内容的扶贫开发项目，通过这些项目让 4500 万贫困人口受益，不仅提高了他们的收入及消费水平，也改善了贫困家庭和贫困社区的社会资本情况（世界银行，2013）。

在世界银行、亚洲开发银行等国际机构的推动下，印度自 20 世纪 90 年代起积极借鉴社会资本扶贫的理念、模式和经验，推行"社区经济发展计划"（Community Economic Development），通过系列参与式和社区主导型扶贫开发计划，促进贫困社区的参与式发展和社会资本建设，带动包容性经济增长（inclusive economic growth）和益贫式社会发展（pro-poor social development）①。

在印度扶贫开发的模式创新和资源投入方面，来自国际组织的援助发挥了重要作用。例如，1986～2018 年，亚洲开发银行累计为印度提供了699 个包括贷款、捐赠和技术援助等形式在内的扶贫开发项目，涉及资金总额达到438.1 亿美元（其中主权贷款项目达到229 个、贷款总额达到389 亿美元），这些扶贫开发项目涵盖基础设施建设、公共服务提供、人力资本发展、社会资本建设、生态环境保护等各个领域（Asian Development Bank，2019）。1996～2003 年，世界银行在印度实施了南亚扶贫项目（SAPAP），旨在精确瞄准贫困人口的扶贫需求，将扶贫资源直接分配到贫困社区，由当地贫困人口自我决策、自我管理和自我监督社区主导型扶贫开发项目，以实现促进贫困人口能力和社会资本建设、推动贫困社区可持续发展的目标（Blanca Moreno-Dodson，2006：165）。

综上所述，在 20 世纪 90 年代以后，伴随社会资本理论研究的兴起及其理论成果的实际应用，社会资本在经济社会发展和扶贫开发中的作用得到了一些国际组织和国家的广泛重视。在世界银行等国际组织以及一些国家的倡导下，社会资本扶贫的理念、模式和方法在国际扶贫开发以及国际发展援助领域得到了比较广泛的应用，并且取得了比较丰富的实践经验。国际扶贫开发的经验表明，以下三种扶贫开发模式不同程度地借鉴和运用了社会资本扶贫的理论和方法，成为社会资本扶贫的重要政策模式。②

①　一般认为，包容性经济增长是普惠全民、照顾弱者的增长，益贫式社会发展是增进公平、减少贫困的发展，要同时实现这两个目标，促进高质量可持续的经济增长，创造高生产率的经济机会和机会均等的制度环境，消除市场和制度歧视以及社会排斥，构建公正合理的收入分配机制，这些都是行之有效的国际经验（世界银行编写组，2003：103～111；庄巨忠，2012：10～15；John Page，2008）。
②　虽然这些扶贫开发模式不一定专门以社会资本扶贫为主题，但与之相关的很多扶贫开发项目将社会资本列为扶贫开发的重要目标和手段，并且在项目实施过程中不同程度地运用了社会资本扶贫的理念和方法。

一是参与式发展（Participatory Development）。参与式扶贫思想最早由美国学者厄普霍夫（Norman Uphoff）提出，从 20 世纪 80 年代以后在世界银行、联合国开发计划署、联合国粮食计划署等国际机构的倡导和推动，成为国际援助和发展中国家扶贫开发的重要方法（伊琳·吉特、米拉·考尔·莎，2004；Cornelias Ncube，2005；Blanca Moreno-Dodson，2006；Widjajanti I. Suharyo et al.，2006，2009）。参与式扶贫特别重视政府、企业、NPO、社区和贫困者等不同层面扶贫主体的共同参与，通过"在参与扶贫项目中赋权、在赋权中参与扶贫项目"的参与式开发，帮助贫困者树立自我发展的主体性、改善自我发展的外部环境，提升他们的社会资本和可持续发展能力（Karl，M.，2000；UNESC，2005；Bereford，P. and Hoban，M.，2005）。因为重视扶贫者和贫困者共同参与，改善有助于脱贫解困的社会关系网络和外部环境，所以社会资本建设成为参与式扶贫开发的重要目标和方法。

二是社区主导型发展（Community Driven Development）。社区主导型发展是一种由社区主导扶贫开发项目、赋权社区居民直接参与项目管理及实施过程的扶贫开发模式。相较于其他扶贫开发模式，社区主导型发展最重要的特点是将扶贫开发项目及资源配置的控制权下放到社区，由社区主导、社区居民自主决策扶贫项目并管理资金和项目进度。社区居民集体参与社区主导型发展项目的识别、决策、实施和管理，在很大程度上，社区居民是否能够积极参与项目并形成合作、互助的关系成为社区主导型发展项目取得成功的关键因素。因此，社区参与、合作、网络、互助等形式的社区社会资本既是社区主导型发展项目建设的重要内容，也是社区主导型发展项目取得成功的重要因素。

三是合作型发展（Cooperative Development）。20 世纪 70 年代以后，伴随公共治理的"政府失灵"、"市场失灵"和"全球结社革命"，合作型扶贫在全球兴起。这种扶贫模式强调在政府之外引入市场和 NPO 的力量，通过政府与企业界、NPO 等多元主体的合作伙伴关系，构建"大扶贫"格局。亚洲开发银行把政府、企业界与 NPO 之间的三方合作当作新世纪扶贫的重要战略（亚洲开发银行，2004）。世界银行认为，政府、企业界和 NPO 之间的三方合作可以形成持续性的扶贫动力，帮助贫困人口增加经济机会、促进赋权、加强安全保障（世界银行，2001）。由于政府、市场与第三部门的合作治理有助于促进跨界别参与、发展社会资本（戴维·奥斯本、特德·盖布勒，1996：329～331），因此合作型扶贫被认为是有助于促进贫困地区和贫困者的社会资本建设。国际经验表明，合作型扶贫能够通过政府、市场、第三部门之间的多元合作形成扶贫开发的合力，促进跨界别的参与、网络构建和信任，帮助弱势群体拓展社区支持网络和发展机会，提升他们的社会资本和可持续发展能力（The United Nations Educational, Scientific and Cultural Organization，2002）。

三　社会资本在国内扶贫开发中的应用

在很长的一段历史时期内，中国扶贫开发在政策模式上以救助式扶贫和开发式扶贫为主，在政策手段上以物质资本扶贫和人力资本扶贫为主，对参与式扶贫和社会资本扶贫的重视和投入明显不够。进入 20 世纪 90 年代以后，在国际组织的推动下，中国在扶贫开发领域逐渐引入参与式扶贫、社区主导型发展、合作型扶贫等具有社会资本扶贫特点的扶贫开发模式，对应用和推广社会资本扶贫的理念、模式和方法进行了富有意义的探索。

1. 中国扶贫开发政策演变

在 1949 年至 1978 年的计划经济时期，中国实行平均分配、充分就业和社会救济相结合的传统扶贫政策，在城市建立了以社会保险、社会福利、社会救济和社会优抚为主要内容的社会保障体系，在农村形成了以"五保"制度和特困群体救济为主要内容的基本生活保障体系。在改革开放以前，以平均分配和充分就业为导向的经济社会政策形塑了一个贫富差距较小、不平等化程度较低的"平均主义社会"，但也带来了经济效率低下、社会普遍贫困的问题。在这段历史时期，中国社会尚未进入制度化扶贫开发阶段，没有建立系统和完整的现代扶贫开发政策体系。

在改革开放以后，中国迅速开始了"效率优先，兼顾公平""让一部分人先富起来"的市场化改革。改革初期，通过推行家庭联产承包责任制、破除农村劳动力转移体制障碍等制度改革，促进了农村经济的迅速发展，使农村大面积普遍性贫困的面貌发生了翻天覆地的变化。据统计，从1978年到1985年，没有解决温饱问题的贫困人口从2.5亿人减少至1.25亿人，贫困发生率降至14.8%。贫困人口平均每年减少1786万人，扶贫工作取得了历史性成绩（中国舆情智库，2017）。

伴随改革的不断深化和经济快速增长，改革前长期存在的普遍贫困、绝对贫困问题得到了显著缓解，但出现了局部贫困恶化、贫富差距扩大的问题。为提升扶贫工作的瞄准率和实际效果，中国开始了政府主导的大规模开发式扶贫，由此进入了制度化扶贫阶段。1986年，国家成立了国务院贫困地区经济开发领导小组及其办公室，重点针对贫困片区和贫困集中带组织开展扶贫攻坚行动。此后，国家逐步有组织、有计划、大规模地在全国贫困片区和贫困集中带组织开展了开发式扶贫，通过开发贫困地区的自然资源和人力资源，促进产业开发和可持续经济增长，带动贫困地区和贫困人口自力更生、脱贫致富。1994年，国家实施《国家八七扶贫攻坚计划》，针对当时全国农村8000万贫困人口的温饱问题开展攻坚扶贫行动。

从20世纪90年代开始，伴随经济体制改革的不断深化和市场经济的快速发展，中国开始逐步探索建立国家主导的救助式扶贫体制，这一体制由国家全面主导，其资金主要来源于财政拨款或补贴，强调对贫困人口的基本生活保障。1997年开始在全国城市推广最低生活保障制度，进入21世纪以后又在全国农村地区推动建立最低生活保障制度，并且不断建立健全医疗、教育、住房等专项救助以及各类临时救助制度。2007年基本建成了覆盖城乡居民的最低生活保障制度，2008年全面建立覆盖城乡的医疗救助制度，2009年进一步将城乡医疗救助纳入国家基本医疗保障体系。经过二十余年的改革和发展，中国成功建成了以最低生活保障制度为基础，以医疗、教育、住房等专项救助和临时救助为补充，最低生活保障制度覆盖人数超过 8000 万的社会救助制度；建立了以养老保险、医疗保险、失业保险、工伤保险和生育保险等为主要内容，参保人数超过 10 亿人口的世界上规模最大的社会保障网（刘敏，2015：187）。

从 20 世纪 90 年代后期开始，在世界银行等国际组织的推动下，参与式扶贫被引入中国扶贫开发领域，中国政府开始重视企业界、NPO 和国际援助机构在扶贫开发中的作用。2001 年中央扶贫开发工作会议制定并发布了《中国农村扶贫开发纲要（2001—2010 年）》①，第一次提出要鼓励和引导企业界、NPO 参与和执行政府扶贫开发项目。此后，中国政府在一些地区试行官商民合作和多边机构共同参与的扶贫开发项目。2011 年，中国发布《中国农村扶贫开发纲要（2011—2020 年）》，提出"动员企业和社会各界参与扶贫"。但是，整体而言，在中国扶贫开发政策实践中，参与式扶贫主要是对救助式扶贫和开发式扶贫的补充，应用范围较窄，应用规模较小，主要限于一些国际援助项目、中外合作扶贫项目和局部农村扶贫试点项目，在其他扶贫开发项目中的应用不多。

2013 年，习近平总书记提出了"精准扶贫"的概念，这标志着中国扶贫开发工作进入了精准扶贫的新阶段。随后国家在 2013 年出台了《建立精准扶贫工作机制实施方案》，在 2015 年发布了《关于打赢脱贫攻坚战的决定》，按照扶持对象精准、项目安排精准、资金使用精准、措施到户精准、因村派人精准、脱贫成效精准的要求全面落实精准扶贫战略。中国农村扶贫开发大规模实施"五个一批"工程，即发展生产脱贫一批、易地搬迁脱贫一批、生态补偿脱贫一批、发展教育脱贫一批、社会保障兜底一批。中国政府提出，通过精准扶贫战略，到 2020 年全面建成小康社会时，按照农民年人均纯收入的脱贫标准，实现 7000 万贫困人口全部脱贫，从而首次解

---

① 这是继"八七计划"后又一个指导全国扶贫开发的纲领性文件，对中国 21 世纪初的扶贫战略进行了全面规划。

决困扰中国几千年的绝对贫困问题。精准扶贫战略的全面、大规模实施，带来了贫困率的迅速下降、贫困人口数量的锐减。据统计，按照中国政府界定的贫困标准[①]，2012 年中国贫困人口总数为 9899 万，2016 年减少至 4335 万，年均减贫 1300 多万人，在此期间全国贫困发生率从 10.2% 下降到 4.5%（中国新闻网，2017）。

　　总之，改革开放以来，中国的扶贫开发工作取得了举世瞩目的成就，实现了被世界银行称为"迄今人类历史上最快速度的大规模减贫"。对此世界银行中国、蒙古和韩国局局长郝福满在 2017 中国扶贫国际论坛上说，中国在扶贫中取得了巨大成就，帮助 8 亿人口摆脱贫困，成为世界上扶贫人口最多的国家，对全球扶贫的贡献率超过 70%，为全球扶贫事业做出了巨大的贡献（央视网，2017）。根据 2010 年农民年人均纯收入 2300 元的中国贫困标准，1978～2015 年，中国农村贫困人口从 7.7 亿人减至 5575 万人，贫困发生率从 97.5% 降至 5.7%；根据 2015 年世界银行规定的一人一天 1.9 美元的国际贫困标准，按照购买力平价计算，1981～2012 年中国贫困人口减少了 7.9 亿，占到同期全球减少全部贫困人口的 71.82%（李培林、魏后凯，2016：50）。

　　2. 社会资本扶贫的政策应用

　　虽然专门以社会资本扶贫为主题的扶贫政策在中国迄今尚未付诸实践，但是在世界银行等国际组织的倡导和推动下，参与式扶贫、社区主导型发展、合作型扶贫等扶贫开发模式在中国扶贫开发领域得到了较为广泛的应用，这些扶贫政策实践不同程度地涉及社会资本扶贫的理念和政策手段，为更大范围地推广社会资本导向型扶贫开发模式积累了宝贵的经验。

　　首先是参与式扶贫。

　　20 世纪 90 年代以后，参与式发展的理念被国际合作项目引入中国，

[①]　这个贫困标准是以 2011 年农民年人均纯收入 2300 元不变价为基准，结合物价水平等因素不定期更新。例如，2015 年被调整为 2800 元，按购买力平价方法计算，该贫困标准与世界银行在 2015 年定义的每人每天 1.9 美元的绝对贫困标准较为接近。

在部分地区农村扶贫开发领域得到了比较广泛的应用。例如，通过与中国政府开展国际合作项目，世界银行、亚洲开发银行等国际机构把参与式扶贫应用于中国广西、云南、贵州等地区的农村扶贫开发和社区发展项目。

从 1995 年起，中国政府与世界银行合作，引入参与式扶贫模式，先后开展了西南扶贫项目、秦巴山区扶贫项目、甘肃和内蒙古扶贫项目、贫困农村社区发展项目等系列扶贫开发项目。

2001 年中央扶贫开发工作会议颁布了《中国农村扶贫开发纲要（2001—2010 年）》，第一次提出要创造有利条件、制定优惠政策，引导和鼓励企业、民间组织参与和执行政府扶贫开发项目。2011 年，中国政府在颁布的《中国农村扶贫开发纲要（2011—2020 年）》中强调"动员企业和社会各界参与扶贫……鼓励社会组织和个人通过多种方式参与扶贫开发"。这些标志着中国扶贫开发进入了一个新的阶段，参与式扶贫上升为国家扶贫的重要战略。

参与式扶贫开发项目的国内实践经验表明，参与式发展重视社区自主性和贫困者主体性，提升了贫困社区的发言权、决策权和监督权，促进了贫困居民的社会参与和社会融入，是加强贫困人口社会资本建设、推动贫困社区可持续发展的有效途径（楚永生，2008；杨小柳，2010；魏后凯、王宁，2013）。

其次是社区主导型发展。

20 世纪 90 年代以后，社区主导型发展被世界银行、亚洲开发银行等国际组织广泛应用于对发展中国家的国际援助及扶贫开发项目中。例如，在 20 世纪 90 年代初期以后，体现社区主导型发展特色的社区发展基金在贵州省威宁县、安徽省霍山县、四川省仪陇县、吉林省梨树县等地区的扶贫开发实践中得到了广泛应用（刘胜安、韩伟，2009）。

2006 年，国务院扶贫办与世界银行合作，引进社区主导型发展模式，在广西靖西县、四川嘉陵区、陕西白水县、内蒙古翁牛特旗开展小型基础设施建设和公共服务供给、自然资源管理和生态环境保护、社区发展基金三个方面的社区主导型发展项目试点，项目总投资 4631 万元。

2010 年，国务院扶贫办与世界银行合作，在河南、重庆、陕西三省（直辖市）的 25 个国家扶贫工作重点县（区）实施"中国贫困农村地区可持续发展项目"，项目建设期为 2010 年至 2015 年，项目总投资 10.87 亿元。有研究发现，社区主导型发展是培育农村社会资本的有效途径，就社区参与、信任、互助水平而言，社区主导型发展试点项目村明显高于非试点村（谢萌、辛瑞萍，2011）。

社区主导型发展项目的国内实践经验表明，通过自上而下的赋权与自下而上的参与，社区主导型发展能够促进社区居民之间的交往与合作，增强社区凝聚力和社区居民主体性，提升社区社会资本和可持续发展能力（陆汉文，2008；任中平，2008）。

再次是政府、企业与社会组织共同参与的合作型扶贫。

进入 21 世纪以后，中国扶贫政策进入一个新的阶段，即政府包办的扶贫体制逐渐松动，政府、企业界和社会组织共同参与的扶贫格局逐渐形成，企业界和社会组织在扶贫开发中发挥了重要的作用。

一方面，企业广泛参与扶贫开发并在其中两个方面发挥重要作用：第一是吸纳劳动力、提供更多的就业机会；第二是向政府和社会组织提供各种针对贫困地区和贫困人口的慈善捐助，对贫困人口的脱贫起到直接的瞄准作用（王国良，2005：241~242）。"光彩事业"是企业参与扶贫开发的一个典型。"光彩事业"是由私营企业家于 1994 年发起和组织的扶贫行动，其宗旨是动员并汇聚全国私营企业家的力量，帮助贫困地区培训人才、兴办学校和产业、开发生产资源。1994~2013 年，光彩事业广泛参与产业扶贫、就业扶贫、医疗扶贫、教育扶贫、救灾扶贫、生态扶贫等扶贫开发事业，共资助逾 4 万个扶贫项目，资助经费近 6000 亿元，为 860 余万人提供了培训，为 1000 余万人提供了就业，累计扶贫超过 2000 万人（全哲洙，2014）。

另一方面，社会组织广泛参与扶贫开发，成为其中一支不可或缺的生力军，其中影响较大的有中国青少年发展基金会组织的"希望工程"、中国计划生育协会组织的"幸福工程"、中国儿童青少年基金会组织的"春蕾计划"、中国扶贫基金会组织的"贫困农户自立工程"等。例如，2006年，在亚洲开发银行的资金支持下，中国政府挑选国际小母牛项目组织、中国国际民间组织合作促进会、江西省山江湖可持续发展促进会、江西省青少年发展基金会、宁夏扶贫与环境改造中心、陕西省妇女理论婚姻家庭研究会六家 NPO 作为大规模投放国家扶贫财政资金的合作伙伴，这是中国政府扶贫资源首次公开向社会组织招标。

国内大量理论研究和政策实践表明，企业和社会组织扶贫具有政府扶贫所难以具备的比较优势（康晓光，2001；洪大用、康晓光，2001；张宏伟，2017；向雪琪、林曾，2017），这表现在如下方面：具有极大的灵活性，可以高效率地使用资源；扶贫的针对性强，命中率高；能对多样化、快速变化的社会需求做出及时有效的反应；有强烈的创新冲动，是现代公益意识的培训者、现代公民的培养者；能够加强社会参与和跨界别合作，促进社会资本建设。

四　社会资本扶贫的经验启示

从物质资本扶贫、人力资本扶贫到社会资本扶贫的政策演变过程，意味着扶贫开发模式从个体性扶贫到结构性扶贫、从孤立式扶贫到合作式扶贫、从外援性扶贫到内生性扶贫的深刻转变，对中国扶贫开发模式创新具有重要的经验启示。

1. 从个体性扶贫到结构性扶贫

物质资本扶贫和人力资本扶贫在对贫困的认识论上具有一个共同特征即将贫困的主要原因归结为个人原因（如经济匮乏、能力不足等），因而在扶贫方法论上也具有一个共同特征即在不改变社会关系和社会结构的条件下，通过改善贫困者的物质资本与人力资本使其形成自我积累和自我发展的能力，进而实现扶贫脱贫的目标。与之不同，社会资本扶贫将贫困的主要原因归结为社会原因（如社会排斥、社会不公等），因而在扶贫方法论上主张改善贫困者的社会关系以及他们所处的社会结构，通过社会资本建设帮助他们摆脱经济、政治、社会和文化排斥，从而实现社会融入的目标。

物质资本扶贫和人力资本扶贫持个体性贫困论，在扶贫方法论上采取个体主义方法论，更加关注个人层面的资产与能力建设，因而可称之为个体性扶贫。社会资本扶贫持结构性贫困论，在扶贫方法论上采取集体主义方法论，更加关注结构层面的资源链接和社会融合，因而可称之为结构性扶贫。美国著名社会学家米尔斯（Charles Wright Mills）区分了"个人困扰"与"公共问题"：前者"产生于个体的性格之中——这些困扰与他自身有关，也与他个人所直接了解的有限的生活范围有关"，后者"超越了个人局部的环境和内心世界"，反映了社会的共同命运，"往往还包含了制度安排中的某个危机"（C. 赖特·米尔斯，2005：6～7）。在很大程度上，个体性扶贫更加关注"局部环境的个人困扰"，结构性扶贫更加关注"社会结构中的公共问题"。

从个体性扶贫到结构性扶贫，标志着对贫困的认识论以及扶贫方法论的深刻转变，意味着扶贫开发的关注焦点从提升贫困者的个人资产与能力到改革不合理的社会结构与社会政策。结构性扶贫更加关注贫困社区与贫困人口所面临的社会资本不足、社会排斥与制度性歧视（institutional discrimination）的问题，更加注重通过社区主导、参与式发展、社会政策改良、制度环境优化、治理结构改善等结构性改革，解决贫困社区所面临的内部资源整合度低与外部资源链接不足的问题，缓解贫困人口在经济、政治、社会和文化等领域所遭受的歧视与社会排斥问题，从根本上提升贫困者参与经济、融入社会的能力。实现结构性扶贫，有必要采取威尔逊在《真正的穷人：内城区、底层阶级和公共政策》所说的普遍性"一揽子"改革计划：通过宏观经济政策、就业和劳动力市场策略、人力培训计划、收入再分配改革、社会福利制度等领域的综合改革，改革不平等的经济制度与社会结构，从源头上铲除贫困滋生的土壤。

2. 从孤立式扶贫到合作式扶贫

如前所述，从扶贫开发的主体看，贫困治理经历了从以民间济贫为主到以政府济贫为主再到政府、企业与 NPO 三方合作扶贫的发展过程。在很大程度上，无论是早期民间主导的非正式济贫还是后来政府主导的制度化济贫，都属于孤立式扶贫，即过于依靠单一主体采取单兵突击的方式进行扶贫开发，不注重跨界别合作和社会资源整合。相比之下，合作式扶贫强调通过政府、市场与第三部门之间的合作，整合跨界别资源形成扶贫开发的合力，构建"大扶贫"格局。合作式扶贫的优势在于能够发挥社会的积极性，整合政府、市场、社会三方资源，形成扶贫开发的合力，发挥国家救助、社会互助和个人自助的协同作用。相比之下，孤立式扶贫往往采取政府"单兵作战"的方式扶贫，难以充分调动民间社会的资源和力量。亚洲开发银行、世界银行把基于政府、市场与第三部门之间三方合作的合作式扶贫纳入其可持续性扶贫开发战略的基础组成部分（世界银行，2001；亚洲开发银行，2004）。

与物质资本、人力资本不同，社会资本由构成社会结构的要素组成，主要存在于社会关系的结构之中，不依赖于孤立的个体和组织（Coleman，J. S. ，1990：302；Robert D. Putnam，1995：664 – 683）。普特南认为，社会自治组织（如合作社、互助组织和兴趣团体）以及横向的公民参与网络是培养社会资本的关键，它们"创造出相互交叠和相互连锁的社会联系"，为发展更广泛和普遍化的社会联系提供了桥梁和纽带（罗伯特·普特南，2001：203 ~ 204）。换言之，社会资本存在于社会网络关系之中，有赖于社会成员和社会组织之间的参与、信任及合作；没有必要的参与、信任及合作，任何孤立的个人与组织难以有效创造和动用社会资本。从深层次来讲，物质资本与人力资本的个体性特征（可以依附于独立的个人或组织）决定了物质资本扶贫和人力资本扶贫可以采取孤立式扶贫的方式（如依靠政府主导的大规模资源投放），社会资本的结构性特征（存在于社会关系的结构之中）决定了社会资本扶贫只能采取合作式扶贫的方式（孤立式扶贫既难以创造社会资本，也无法有效发挥社会资本的功效）。

国际经验表明，合作式扶贫的一个重要政策工具是建立基于公私伙伴关系的三方合作机制。公私伙伴关系（Public-Private Partnerships，PPP）是指政府、企业和社会组织通过服务购买、租赁、特许经营、承包等形式建立合作伙伴关系，共同生产和提供公共服务，这是西方发达国家提供社会服务的主要方式（达霖·格里姆赛、莫文·K. 刘易斯，2016）。与发达国家相比，我国在社会服务领域特别是在扶贫开发领域，对 PPP 模式和社会参与的重视还不够。虽然"政府主导，社会参与"是内地扶贫开发的重要策略，但"社会参与"往往停留于动员热心人士捐款捐物，而未能形成公民参与和社会创新的可持续力量（刘敏，2013：227）。因此，推进合作式扶贫，更好地发挥企业和社会组织的作用，依然是内地扶贫开发亟待解决的重要课题。

合作式扶贫有赖于改善贫困治理结构，推动官商民三方合作，例如，在法律、税收、资金等方面为企业和社会组织参与扶贫开发创造更好的制度环境，为扶贫开发事业可持续发展提供坚实的社会基础；鼓励推行基于 PPP 模式的扶贫开发项目；设立更多的扶贫种子基金或公益基金，推行更多的社会化扶贫开发项目；推广政府购买扶贫开发服务，鼓励更多扶贫项目招投标；加强公益慈善的制度建设、组织建设和文化建设，激发和调动社工、义工、热心人士等民间力量广泛参与扶贫开发。总之，我们应当把政府扶贫和社会扶贫相结合，既要强化政府责任、发挥政府扶贫的主渠道作用，也要突出社会责任、完善官商民三方合作机制，从制度上构建"政府＋市场＋社会"的大扶贫格局。新的政策应当"寻求把多种不同的社会机构（包括市场、社区和国家）动员起来"，将国家强大的资源动员能力与私营部门的高效率以及社会组织对社会公正的关注相结合，发挥国家救助、社会互助与个人自助的协同作用（安东尼·哈尔、詹姆斯·梅志里，2006：191～193）。

3. 从外援性扶贫到内生性扶贫

外源性扶贫是指侧重从外部为贫困者提供资金、实物或服务等救助以使其维持基本生活，经常被人形象地称为"输血式扶贫"，如最低生活保障、民政兜底、特困人员帮扶等。外源性扶贫的优势是能够很快实现兜底保障、帮助贫困者暂时摆脱绝对贫困，但不足是难以激发贫困者的内生发展动力，容易滋生贫困文化和福利依赖，甚至导致"越扶越贫""扶穷不扶志"的问题。内生性扶贫是指通过外部资源的救助来激活贫困者的内生动力，使其形成自我能力并最终摆脱贫困，又称为"造血式扶贫"，如教育培训、生产就业、资源开发等。相较而言，外源性扶贫更多地属于暂时性扶贫、兜底性扶贫，内生性扶贫则属于可持续性扶贫、发展性扶贫。

缺乏配套服务的物质资本救助往往难以帮助贫困者实现从受助到自强的转变，因而多属于外源性扶贫。人力资本扶贫因其注重人力资源的开发而属于典型的内生性扶贫。社会资本扶贫因其强调通过拓展社会资本来获取更多的发展资源和机会而也属于内生性扶贫。虽然都具有内生性扶贫的特点，但人力资本扶贫的关注焦点更多地在于提升贫困者个人能力与素质，社会资本扶贫的关注焦点更多地在于改善贫困者的社会关系和发展环境。

前文所述的参与式发展、社区主导型发展、合作式发展都体现了对社会关系和发展环境的关注，这些社会关系和发展环境既有微观（个人、家庭）、中观（组织、社区、地方）、宏观（社会、民族国家）等不同层面，也有经济、政治、社会、文化等日常生活的不同方面。例如，保障贫困者在基本生活、社会保障、教育、医疗、住房、就业等方面享有平等的权利和机会，消除制度性歧视与社会排斥；发展政府、企业、社会组织、社区等不同层面的政策伙伴关系，运用社会资本共同协助贫困群体；拓展贫困者和弱势群体参与公共政策的渠道，提升他们参与经济活动、融入社会生活的能力；改善贫困者的社会支持网络，加强邻里守望相助，帮助他们更好地融入社区生活。

根据世界银行的观点，社会资本扶贫着力改善的社会关系和发展环境集中体现在三个维度（世界银行，2001：127～131）。

一是将贫困社区紧密联系在一起、促进穷人集体合作的联结型社会资

本 （bonding social capital）。

二是将贫困社区与更广泛的异质性社会群体联系在一起、为穷人带来更多社会资源和发展机会的桥接型社会资本 （bridging social capital）。

三是将贫困社区与正式制度与国家机构联系在一起、为穷人创造更多利益表达和政策受益机会的链接型社会资本 （linking social capital）。

社会资本扶贫开发的国际经验表明，社区主导型发展在构建紧密社区共同体、建设联结型社会资本方面行之有效，参与式发展在发展跨网络异质性社会联系、构建桥接型社会资本方面富有成效，合作型发展在加强政府、市场与第三部门之间的联系及投资链接型社会资本方面成效显著。因此，如何在更大范围、在更广领域、更高水平，推广社区主导型发展、参与式发展、合作型发展等新型扶贫开发模式，探索社会资本扶贫的新模式、新路径和新方法，是摆在中国各级政府面前的一项重要课题。

第四章
社会资本的生成机制与缓贫效应[*]

在很长一段时期内，社会资本研究更多的是将社会资本当作某种既定的"存量"来分析其在个人或集体行动中的作用，很少有研究专门探讨社会资本的生成机制问题。大量研究证明了社会资本越丰富，越有利于减少贫困，但很少有研究揭示社会资本的缓贫效应及其影响机制。与物质资本和人力资本相比，社会资本在扶贫开发中有何独特的作用？社会资本缓解贫困的效应及其影响机制是什么？对于这些问题，还需要更多研究进行探索和解答。"中国贫困农村地区可持续发展项目"和中国香港"社区投资共享基金"运用社会资本和参与式扶贫的理念和方法，在社会资本建设和扶贫开发方面取得了显著成效，为研究社会资本的生成机制与缓贫效应提供了典型案例。本章以"中国贫困农村地区可持续发展项目"和中国香港"社区投资共享基金"为典型案例，考察外部社会资源介入对提升当地贫困社区社会资本的作用，探究社会资本的生成机制及其缓贫效应。

一 社会资本生成的理论解释

长期以来，相关研究偏重分析社会资本在经济、政治和社会发展以及在个人或集体行动中的作用。相比之下，对于社会资本的生成问题，专门的研究要少得多。虽然关于社会资本生成机制的专门探讨不多，但也要看

---

* 本章部分内容曾以论文的形式发表，收入本书时作者对原文内容进行了修改和补充，原文参见刘敏《社会资本的建构：国家与社会互动的视角》，《理论与改革》2012 年第 2 期。

到，国内外一些研究或多或少地涉及这方面的问题。社会资本的生成问题，不仅是一个重要的理论问题，也是一个重要的实践问题。揭示社会资本的生成机制，是分析社会资本存量构成的重要前提，也是开展社会资本建设的先决条件。社会资本是如何生成的？背后有什么因果机制？对这方面问题的回答取决于社会资本的分析层次，个体社会资本与集体社会资本在生成机制上不尽相同。

个体社会资本研究是从社会网络分析起家的，因而一种常见的观点认为社会资本产生于社会网络，是从人与人之间的社会关系中衍生而出的社会资源。社会网络的观点主要用于解释个体社会资本的产生，那么，什么样的社会网络会产生社会资本？对于这个问题，学术界存在如下三种具有代表性的观点。

首先是网络关系论。这种观点认为，社会资本是社会网络关系。美国学者波茨（Alejandro Portes）指出，"经济资本体现在人们的银行账户上，人力资本存在于人们的头脑中，而社会资本内生于人际关系的结构中。一个人要拥有社会资本必须与其他人有联系，正是这些他人，而不是他自己是其优势的实际来源"（Portes, A., 1998）。

其次是网络结构论。这种观点认为，社会资本是社会网络结构，特定的社会网络结构可以产生不同形式和性质的社会资本。美国学者伯特认为，"结构洞"（structural holes）和"网络封闭"（network closure）是两种不同的网络结构，但都能够产生社会资本（Ronald S. Burt, 2001：31 – 56）：前者代表了整个大网络中各子群体之间的弱联系（weak connections），占据"结构洞"的位置就能够在信息和资源的占有方面赢得优势地位，从而拥有社会资本；后者代表了网络成员之间的强联系（strong connections），网络封闭结构有助于网络成员通过内部的强联系共享网络资源，从而产生社会资本。美国社会学家科尔曼也从社会网络结构的角度分析了社会资本的产生，他认为，网络的封闭性保证了相互信任、规范、权威和制裁的建立与维持，因此封闭而稳定的网络结构有助于产生并维持社会资本（詹姆斯·科尔曼，1999）。

最后是网络资源论。这种观点认为，社会资本是社会网络资源，是行动者在工具性行动中可以获取和使用的"嵌入"在社会网络中的资源。这种观点以美籍华裔学者林南为代表，他认为社会资本是"行动者在行动中获取和使用的嵌入在社会网络中的资源"（林南，2005：24）。林南区分了"拥有的社会资本"（accessed social capital）和"动员的社会资本"（mobilized social capital）：前者是行动者在社会关系网络中所拥有的社会资源，后者是个人在目的性行动中实际动用的社会资源（林南，2003）。

除此之外，也有一些学者提出了不同的观点。刘林平认为，应当区分社会资源和社会资本，资源是潜在的资本，资本是动用了的、用来投资的资源，因此，社会资本不直接等同于社会网络或社会资源，它是在工具性行动中被实际动用的社会网络或社会资源（刘林平，2006）。边燕杰提出了一种综合的观点，他认为，社会资本主要由网络规模、网络顶端、网络差异和网络结构四个方面构成，其中，网络规模越大（网络关系圈大）、网络顶端越高（网内拥有地位高的关系人）、网络差异越大（网络关系异质性强）、网络结构越合理（与资源丰富的阶层有联系），社会资本就越丰富（边燕杰，2004）。

总而言之，对于个体社会资本如何生成的问题，尽管学术界存在争议，但基本上存在一些共识：它产生于社会网络，是从人与人之间的社会关系中衍生而出的结构性资源，只是不同学者强调社会网络的不同方面，如网络规模、网络结构和网络资源。相比之下，对于集体社会资本如何生成的问题，学术界的争议要大得多，可谓见仁见智、不一而足。在各种探讨中，影响力较大、颇具代表性的理论观点有政治建构论、社会建构论、文化建构论，它们分别强调政治制度、社会自治、历史文化在社会资本生成中的重要作用。

1. 政治建构论

政治建构论又被称为制度建构论，这种观点强调国家力量和正式制度在社会资本生成中的作用，认为社会资本在很大程度上是由正式制度建构的，特定的制度安排有助于发展社会资本。

内克（Stephen Knack）认为，社会资本的生长需要支持性的政策环境（support policies），只要创造好的政策条件，国家就能够通过发展干预（development interventions）的政策工具，以合适的方式投资社会资本（Stephen Knack，1999）。

列维（Margaret Levi）和塔罗（Sidney Tarrow）等人认为，一定的政治制度和政府行为对社会资本有建构作用，对于缺乏社会资本的社区或群体，国家可以通过为他们赋权、帮助他们建立合作组织，加强其社会联系、拓展其社会资本（Margaret Levi，1998；Sidney Tarrow，1996：389 – 397）。

弗洛拉（Jan L. Flora）等人发现，社会资本是一个情境化构造，特定的地方社会结构变量（如人口和社会组织结构）对社会资本的生成具有明显影响（Jan L. Flora，1998：481 – 506）。

马隆尼（William Maloney）等人在研究英国伯明翰的地方治理时发现，地方治理的制度安排深刻影响当地社会资本的发展（William Maloney，Graham Smith and Gerry Stoker，2000：802 – 820）：自20世纪60年代以后，伯明翰的市政委员会不仅为民间组织和政治精英提供了联系渠道，而且也塑造了民间组织内部的社会资本，这说明，一个社区内社会资本的产生与其制度资源有一定的关系，"有意的、自上而下的主动性，可以对社会资本的增生产生积极的影响"。

刘春荣通过对1996年以后上海社区组织建设的研究发现，不同的国家介入模式对社会资本的发展产生了不同的影响：以纵向管理为特征的行政化介入不利于居民在日常生活中建立横向的沟通和信任关系，从而不利于社区社会资本的发育；而以发展横向联系为特征的社会化介入扩展了居民交往的机会结构，促进了居民之间的沟通、信任和合作（刘春荣，2007）。因此，特定形式的国家介入乃是社会资本得以产生和发展的必要动力，在特定的社会背景下，社会资本需要外部制度力量的激发和支撑。

2. 社会建构论

社会建构论又被称为公民社团论，它强调公民结社和社会自治组织在社会资本生成中的作用，认为社会资本产生于公民结社与社会自治组织，即公民结社和社会自治组织为培育以网络、信任和互惠为核心要素的社会资本提供了必要的土壤（Robert D. Putnam，1993；Francis Fukuyama，1995）。社会建构论认为，在政府、商业部门、非正式部门和志愿性部门四个部门中，志愿性部门的最大优势是可以发展高水平的横向社会联系，因而在创造社会资本方面最为有效。

政治建构论认为，既然国家可以投资物质资本和人力资本，以此促进经济增长和社会发展，那么也同样可以投资社会资本。奥斯特罗姆（Elinor Ostrom）对此予以批评，她认为，政治建构论夸大了政府在社会资本生成中的作用，因为政府干预会损害社会自主性，创造依赖性公民而非开拓性公民，这会降低家庭、社区和社会生产社会资本的能力（埃莉诺·奥斯特罗姆，2003）。在奥斯特罗姆看来，当社会组织在生产和使用公共物品时，其内部成员之间的水平性互动与合作可以催生一种理性的规范秩序并促进成员之间的互惠与信任，从而助长社会资本（Elinor Ostrom，1990；Robert Ellickson，1991）。

社会建构论可以追溯到 19 世纪的托克维尔，他认为深厚的公民结社传统和广泛的公民参与是美国民主赖以成功的一个重要原因（Emanuele Ferragina，2010）。社会建构论的代表人物是普特南，普特南认为，社会资本产生于社会组织内部成员之间的互动，社会自治组织（如合作社、互助组织、俱乐部、兴趣团体等）以及横向的公民参与网络是培养社会资本的关键。社会自治组织为公民参与提供了平台，"创造出相互交叠和相互连锁的社会联系"，为发展更广泛和普遍化的社会联系提供了桥梁和纽带；横向的公民参与网络增加了人们在任何单独交易中进行欺骗或投机的潜在成本，促进了人际信任、沟通、合作以及各种信息和资源的流动（罗伯特·普特南，2001：203~204）。

其他一些学者也验证了公民社团在社会资本生成中的作用。伊斯特斯通过对社团合唱队的研究发现，自发的社团组织能够产生社会资本，它可以建立网络关系、为成员提供共同的价值规范并通过组织行为来促进网络成员的集体行动（卡拉·M. 伊斯特斯，2000）。格拉泽认为，长时间参与社团组织活动，促进组织成员的互动，并发展组织内部和外部网络关系，有助于增加社会资本的投资及收益（爱德华·格拉泽，2003）。

3. 文化建构论

文化建构论认为人为的制度设计并不一定有助于社会资本的发展，强调特定的历史文化（如文化规范、道德习俗、宗教和生活方式等因素）在社会资本产生中的作用。

怀特利认为，社会建构论对社会资本产生机制的解释力有限，因为它是以公民社团组织的长期存在为前提的，只能解释已经具有一定社会资本存量基础的社会如何进一步产生社会资本，而不能解释缺乏公民结社传统和社会组织的社会如何产生社会资本的问题，他通过定量研究发现，社会心理、道德规范以及社会成员对集体文化的认同是影响社会资本产生与生长的重要变量（保罗·F. 怀特利，2000）。

诺斯（Douglass North）通过对比盎格鲁撒克逊政治文化与拉美政治文化后发现，平等主义、契约文化、法治等文化有助于英美国家民主政治与社会资本的发展；反之，西班牙殖民统治残留的庇护主义、等级制、主从依附关系等文化妨碍了拉美国家民主政治与社会资本的发展（Douglass North，1990）。

文化建构论的代表人物是福山（Francis Fukuyama），他认为，一个国家或地区的社会资本主要取决于其道德、习俗等历史文化传统，在创造各种形式的社会资本方面，国家并没有太多显而易见的手段，"社会资本常常是宗教、传统、共享历史经验及其他超出政府控制范围之外的因素的副产品"（弗朗西斯·福山，2003）。

福山认为，社会资本的产生有三种机制（弗朗西斯·福山，2001，2003）：一是由等级的权威资源产生的，它依靠规范和对权威的遵从而产生；二是共享的历史经验能够产生非正式的规范从而创造社会资本，这些规范通过社会化过程一代接一代地传承下去，逐渐内化成社会成员的一种习惯和行为模式；三是社会交往和重复博弈会产生社会资本，虽然一次性的囚徒困境游戏不会导致合作结果的出现，但如果游戏多次反复，那么游戏双方将摆脱"囚徒困境"而走向相互合作，同理，在非游戏的状态下，如果博弈双方发生稳定而持续的互动，那么他们彼此之间就有可能产生信任、规范和合作。

福山把信任看作一种社会资本，并分析了道德、习俗等文化因素在信任产生与维系中的作用，通过对美国、法国、意大利、韩国、中国等国家历史文化的比较研究，得出结论：特殊主义、家庭主义等文化不利于培养普遍信任和社会合作，因而不利于社会资本的发展，反之，普遍主义、团体主义等文化有助于增进社会普遍信任与合作，因而有助于社会资本发展（弗朗西斯·福山，2001）。

笔者认为，政治建构论、社会建构论、文化建构论对社会资本的生成都具有相当的解释力，能够解释不同形式、性质社会资本生成的原因，但这些解释也具有明显的偏颇之处，这表现在如下两个方面。

第一，落入国家与社会对立范式的窠臼，忽视了国家与社会相互嵌入的事实。

它们看似针锋相对，但都是在国家与社会的对立关系中解析社会资本建构命题，似乎把社会资本生成问题化约为社会资本"姓国姓社"的问题：政治建构论认为社会资本"姓国"，国家机器可以建构社会资本并起到积极作用；社会建构论与文化建构论坚称社会资本"姓社"，只有公民结社及与之有亲和关系的历史文化能够催生社会资本，国家机器在这方面的作用有限甚至有害。例如，奥斯特罗姆（Elinor Ostrom）认为，政府干预会破坏社会资本的自然生长，"简单地将创造社会资本并促进物质资本和人力资本有效运作的任务交给公共官僚机构可能不会产生预期效果……当全国性和区域性政府接管大量公民活动领域的责任时，它们就会排斥进入这些领域的其他努力。当全国性政府接管所有森林或其他自然资源所有权，或终止由宗教团体提供教育和健康服务而自己兴办学校和医院时，社会资本就会遭到巨大破坏"（埃莉诺·奥斯特罗姆，2003）。

国家与社会二元对立论是关于国家与社会关系的一种早期研究范式，它把国家与社会看作此消彼长的对立关系，一方强则另一方必弱（Joel S. Migdal，1988）。后来，国家与社会互动论兴起，如米格代尔等人提出的"国家嵌入社会"论（Joel S. Migdal，Atul Kohli and Vivienne Shue，1994；乔尔·S. 米格代尔，2012，2013）、埃文斯提出的"国家与社会协作"论（Peter Evans，1995）、吉尔伯特提出的"能促型国家"（the enabling state）论（Neil Gilbert and Barbara Gilbert，1989；Neil Gilbert，2002），这些研究都表明国家与社会并非互相对立的独立实体，而是相互嵌入、呈现一种动态的互动关系（顾昕、王旭，2005）。既然国家与社会是相互嵌入、你中有我的关系，那么社会资本的生成问题就不能化约为社会资本"姓国姓社"的问题，也不能简单地将其归因于国家或社会单方面的力量。

第二，对社会资本的概念理解不一，忽视了不同形式社会资本的生成机制存在差异的事实。

"社会资本概念最大的弱点之一，就是对于如何测量社会资本缺乏共识。"（弗朗西斯·福山，2003）造成三种范式观点分殊的一个重要原因是社会资本是一个多面向的复杂概念，对社会资本概念理解的不同，在很大程度上导致了对社会资本生成原因解释的差异：政治建构论笔下的社会资本在很多时候是"政府社会资本"（government social capital），社会建构论与文化建构论眼中的社会资本一般是"民间社会资本"（civil social capital），前者主要是指促进社会成员集体合作和相互信任的政府机构和正式制度，后者主要是影响社会合作和普遍信任的共享价值、社团组织、非正式网络等（Collier，P.，1998）。

实际上，社会资本的形式不同，其产生机制往往也存在差异。例如，英国学者纽顿认为，当社会资本被定义为由公民的信任、互惠和合作等元素构成的一系列规范和价值观时，它产生于公民的"心灵习惯"，即一种

"集体意识"和对共同体的认同；当社会资本被定义为客观的社会网络时，它产生于各种非正式群体与正式组织的参与和互动；当社会资本被定义为一种后果时，它产生于社会资本特定的功能和效用，即社会成员通过交往与合作"把事情搞定"（肯尼思·纽顿，2000）。

基于上述理由，笔者以"中国贫困农村地区可持续发展项目"和中国香港"社区投资共享基金"为典型案例，从国家与社会互动的视角探讨不同形式的社会资本的生成机制。在进行讨论之前，首先有必要界定社会资本的概念。社会资本有两个基本分析层次。一是个人层次的社会资本，它是个人可获取和使用的、嵌入在社会网络中的资源，属于个人物品。二是集体层次的社会资本，它是一个组织、群体、社区甚至整体社会所拥有的网络资源，包含网络、信任和互惠，属于公共物品。本章采取第二种分析层次，借鉴普特南等人的界定，将社会资本视为社会群体的特征，是一个群体所共享的社会关系网络，能够为群体成员提供社会支持。

二 社会资本扶贫开发的典型案例

下文以"中国贫困农村地区可持续发展项目"和中国香港"社区投资共享基金"为典型案例，探究社会资本的生成机制与缓贫效应。"中国贫困农村地区可持续发展项目"是一项政策理念先进、投资规模较大、应用范围较广的社区主导型参与式扶贫项目，对促进项目试点地区的社会资本建设和扶贫开发产生了显著的影响。"社区投资共享基金"是由香港特区政府于 2002 年投资 3 亿元正式成立的种子基金，一直致力于推行社区本位的社会资本发展计划，是国内外为数不多、专门以社会资本培育为主题、在社会资本扶贫开发方面具有成熟经验的社会政策项目，在培育社会资本和创新扶贫开发方面积累了许多富有成效并且可资借鉴的经验。

1. 中国贫困农村地区可持续发展项目

"中国贫困农村地区可持续发展项目"是中国政府与世界银行在扶贫

领域合作开展的第五个大型综合性扶贫项目①，以配合中国政府的扶贫开发工作为目的，将在国际扶贫开发领域取得成功经验的社区主导型发展模式（Community Driven Development）引入中国农村扶贫，探索和试验更加精准有效和富有创新性的扶贫开发方式。项目建设期为 2010 年至 2015 年，总投资 10.87 亿元人民币，其中世行贷款 1 亿美元，全球环境基金赠款 500 万美元，国内配套 3.73 亿元人民币。项目覆盖河南、重庆、陕西三省（直辖市）25 个国家扶贫工作重点县（区），12 万贫困户 48 万贫困人口直接受益。

"中国贫困农村地区可持续发展项目"主要包括四个分项目：

（1）社区基础设施与公共服务（CDD），包括乡村道路、饮用水供给、小型灌溉、健康卫生、文化教育等基础设施建设；

（2）家庭增收与能力建设（CDF），包括社区发展基金和能力建设项目；

（3）可持续土地管理和应对气候变化（GEF），包括推广可持续土地管理以及农业新品种、新技术等；

（4）项目管理、监测和评价，主要是为确保项目顺利实施和可持续利用，开展必要的软硬件建设、机构建设和队伍建设。

项目的总体目标主要有如下五个方面（国务院扶贫办外资项目管理中心，2008：3；中国国际扶贫中心，2015：68~69）：

（1）改善项目区贫困村中小型基础设施和公共设施条件，提高社区公共服务水平；

（2）在贫困村建立由农户自我管理的社区发展资金，向贫困农户提供小额贷款，增加农户家庭收入；

（3）将村级发展项目的选择权、决策权、实施权和管理权交给村民，提高贫困村和农户自我参与、自我管理和自我发展的能力，提升贫困村的社会资本与自我发展能力；

（4）促进项目区贫困村与地方政府之间的联系，改善贫困地区可持续

---

① 其他四个扶贫项目分别是 1995 年批准的西南扶贫项目、1997 年批准的秦巴山区扶贫项目、1999 年批准的甘肃和内蒙古扶贫项目以及 2005 年批准的贫困农村社区发展项目。

发展的外部环境，推动地方政府提供及时、顺应需求和透明的公共服务；

（5）探索发展适合中国国情的建立在村级民主参与、民主管理和自我发展基础上的扶贫开发项目运行与管理模式。

在项目管理和运行方面，"中国贫困农村地区可持续发展项目"采取了"中央—省—市—区县—乡镇—村"六级纵向管理模式：在中央层面成立了中央项目协调办公室，作为中央管理机构协调世界银行、国家部委及各省市项目办；在省级层面成立了项目领导小组，作为省级管理机构统筹本省项目管理和实施；分别在市、区县两级成立了项目领导小组办公室，作为地方管理机构，负责项目的执行和管理；在乡镇一级成立了项目管理办或工作站，负责协助项目村管理与实施项目；在项目村成立了行政村项目决策和监督委员会，以及自然村项目实施小组。"中央—省—市—区县—乡镇"五级纵向管理机构自上而下地负责项目的协调指导、日常管理与监督核查，项目村具体负责本村项目的遴选、实施和管理。与一般政府扶贫项目不同，"中国贫困农村地区可持续发展项目"强调将项目及资源配置的控制权下放社区，由社区主导、社区居民自主选择扶贫项目并管理资金和项目进度。

2. 中国香港"社区投资共享基金"

"社区投资共享基金"的成立可以追溯到 2001 年，时任香港特区行政长官董建华在《2001 年施政报告》中宣布将划拨 3 亿元成立社区投资共享基金，"基金的目的是鼓励市民彼此关心，互相帮助，并推动社区参与，进行地区或跨界别的计划"，"以增强社会凝聚力，强化社区网络"，更好地扶助弱势群体、促进社区发展（香港特别行政区政府，2001）。

2002 年香港特区政府拨款 3 亿元作为种子基金，正式成立"社区投资共享基金"（Community Investment and Inclusion Fund），同时欢迎社会各界向基金捐赠，用于支持政府、企业、社会组织[①]通过跨界别合作在社区推

---

① 对于社会组织，香港社会一般称之为非政府机构、非牟利机构等，本书按照内地惯例一律采用社会组织的概念。

行多元化社会资本发展计划。除了成立时获得特区政府首批 3 亿元注资以外，基金在后来的运作过程中得到特区政府的多次财政拨款以及来自企业、慈善机构、热心人士的捐赠。政府拨款主要形式有一笔过的非经常资助金、有时限的经常资助金，例如，基金于 2013 年获特别行政区立法会批准增加拨款 2 亿元，2017 年获特区政府拨款 3 亿元。社区投资共享基金鼓励自下而上、由社区发动的面向特定社区或全香港的社会服务项目，倡导政府、市场、第三部门共同培育社会资本，发挥政府救助、社会互助、个人自助的协同作用，提升弱势群体及其社区的可持续发展能力。

在项目管理和运行方面，"社区投资共享基金"采取了基于"政府 + 市场 + 社会"三方合作的横向管理模式。在三方合作框架中，政府部门主要负责政策规划、资金支持和服务监管，社会组织、企业负责策划实施和具体执行社会服务计划，社工、义工、社区居民等社会力量广泛参与，形成了"政府 + 市场 + 社会"开放联动、多方合作的扶贫开发大格局。"社区投资共享基金"由负责香港就业、扶贫、社会福利和劳工政策的政府执行机构——劳工及福利局来监管，具体由社区投资共享基金委员会来负责管理。在劳工及福利局的支持下，社区投资共享基金委员会负责审批基金申请计划、决定拨款额度、监察和评估受资助计划的成效、推广和发展与基金有关的社会资本发展计划、向劳工及福利局提出意见。截至 2018 年底，基金委员会共有主席 1 名、副主席 1 名，非官方委员 18 名，代表政府部门的当然委员 3 名，成员来自社区、社会福利界、教育界、商界、医务界、学界、政府部门，具有广泛的代表性。委员会下设评审及评估小组委员会、推广及发展小组委员会，两个小组委员会分别负责基金计划评审与评估、基金推广与发展相关事宜。

"社区投资共享基金"采取项目制运作，由社会组织、社会服务机构、社区组织提出申请项目，基金管理机构审批项目，提供一定的资金资助，并监察项目的实施情况和成效。根据《社区投资共享基金申请指南》，申请项目应由社区自发推动，不以营利为目的，申请的资助期不超过三年，能够建立与发展社区和邻里社会资本。基金每年接受三次拨款申请，符合申请资格的社会组织、商业公司与法定机构均可提出项目申请，并在基金的资助下实施有关社会服务项目。

综上所述，上述两个案例都不同程度地运用了社会资本和参与式扶贫的理念与方法，在社会资本建设和扶贫开发方面取得了显著的成效，对于社会资本扶贫开发的政策应用具有典型性和揭示性，为研究社会资本的生成机制与缓贫效应提供了典型案例。

首先，就"中国贫困农村地区可持续发展项目"而言，虽然项目并未专门强调社会资本扶贫，但体现社会资本扶贫特点的社区主导型发展和参与式扶贫模式在项目实践中得到了较为广泛的应用。项目重视世界银行、中国各级政府、社区和贫困者的共同参与，特别是重视将扶贫资源直接分配到贫困社区，由贫困人口自我决策、自我管理和自我监督项目，实现"在参与中赋权、在赋权中参与"，提升他们的人力资本与社会资本。社区参与、合作、网络、互助等形式的社区社会资本既是项目建设的重要内容，也是影响项目成效的重要因素。一些研究发现，通过自上而下的赋权与自下而上的参与，社区主导型和参与式发展能够促进社区居民之间的交往与合作，增强社区凝聚力和社区居民主体性，提升社区社会资本和可持续发展能力（陆汉文，2008；任中平，2008；谢萌、辛瑞萍，2011）。

其次，对于中国香港"社区投资共享基金"而言，项目以培育社会资本为政策导向，其主要宗旨是培育和发展个人、家庭、邻里和社区层面的社会资本，以社区为本位，促进不同社群、机构之间的信任与合作，汇聚政府部门、企业、社会组织跨界别资源，着力提升弱势群体及其所在社区的可持续发展能力。从2002年成立至今，基金取得了显著成效，产生了广泛影响。截至2016年底，基金已推行和将推行的资助项目总计323个，资助总额4.32亿元，项目分布在全港18个地区，参与合作的伙伴机构8900个，直接参与人数达到68.2万人次，建立互助网络2070个，成立自助组织76个，支援家庭3.25万个，惠及60多万人（社区投资共享基金，2017a）。

受基金管理方和特区政府劳工及福利局委托，香港理工大学、香港城市大学等的课题组开展了基金成效评估研究，研究结果表明，基金项目能够促进官商民跨界别的参与、网络和信任，营建社会资本，特别是能够协助弱势社群改善社区支持网络，提升他们的社会资本（Department of Applied Social Studies City University of Hong Kong，2012）。

　　进一步对比分析上述两个案例，发现"中国贫困农村地区可持续发展项目"和中国香港"社区投资共享基金"在社会资本扶贫开发方面既具有诸多相似之处，也有明显的不同。相似之处包括：在政策理念方面，都重视"在参与中赋权、在赋权中参与"，提升社区成员的社会资本；在政策路径方面，都强调社区主导和社会参与，体现了参与式发展的特点；在政策目标方面，都致力于促进贫困社区的可持续发展，提升贫困群体参与经济、融入社会的能力。正是因为有了上述相似之处以及相近特点，两个案例才得以成为探究社会资本导向型扶贫开发模式、探讨社会资本生成机制及其缓贫效应的典型案例。不同之处主要有：前者并未专门强调社会资本扶贫但在很多方面涉及了社会资本建设的内容，后者明确提出基金的重要宗旨是培育和发展社区本位的社会资本；前者采取了纵向管理的模式，建立在国家自上而下介入的基础之上，具有政府主导的特点；后者采取了横向管理的模式，建立在社会自下而上参与的基础之上，具有社会主导的特点。上述不同之处，在很大程度上决定了两个项目建构社会资本的机制以及形式存在明显的不同，对此下文将展开分析。

三　社会资本的生成机制

　　一般认为，由于网络结构及网络性质的不同，群体之内或群体之间一般存在三种不同形式的社会资本（Bebbington，A.，1997；Deepa Narayan，1999；D. C. Onyx，J. and Bullen，P.，2001）：联结型社会资本（bonding social capital）、桥接型社会资本（bridging social capital）、链接型社会资本

(linking social capital)。联结型社会资本实际上是群内社会资本，存在于内部交往密切、成员具有较强同质性的群体内部联系中，如家庭、亲属、朋友和邻里；桥接型社会资本实际上是群外社会资本，存在于跨社区、跨群体、跨阶层之间的横向联系（horizontal associations）中；链接型社会资本是指与政府部门和正式制度之间的关系，存在于不同层级的群体或组织之间的纵向联系（vertical associations）中。根据上述社会资本的定义与分类，笔者以"中国贫困农村地区可持续发展项目"和中国香港"社区投资共享基金"为典型案例①，探究社会资本的生成机制。

首先，探讨"中国贫困农村地区可持续发展项目"中的社会资本生成机制。如前所述，在项目管理方面，"中国贫困农村地区可持续发展项目"采取了"中央—省—市—区县—乡镇—村"六级纵向管理模式（见图 4-1）。一方面，"中央—省—市—区县—乡镇"各级项目办及有关政府部门为项目实施提供自上而下的指导、支持与服务。另一方面，项目村自下而上地积极响应上级号召，参与项目实施并向上级反馈项目进展与成效。在项目实施方面，"中国贫困农村地区可持续发展项目"采取了社区主导型和参与式发展模式，将村级发展项目的选择权、决策权、实施权和管理权交给村民，由社区主导，社区居民自主决定项目并管理资金及项目进度。根据政治建构论的观点，国家自上而下的让渡与赋能以及社会自下而上的回应与参与，能够构建具有一定自主性的社会空间与公民参与网络，促进社会资本的发展。

研究发现，通过"中央—省—市—区县—乡镇—村"六级纵向管理模式与社区主导型发展，"中国贫困农村地区可持续发展项目"明显促进了

---

① 在陕西省扶贫开发办公室外资项目管理中心、河南省扶贫开发办公室外资项目办公室的支持下，笔者于 2016 年 8 月赴陕西省延安市延长县、河南省洛阳市嵩县开展了实地调查，于 2017 年 8 月赴陕西省宝鸡市陈仓区开展了实地调查，针对地方政府扶贫部门和项目试点村开展走访调研，考察"中国贫困农村地区可持续发展项目"实施情况，综合运用深度访谈、参与观察、文献研究相结合的多元资料收集方法，本章后文的有关案例材料主要来自这三次调查所收集的资料。

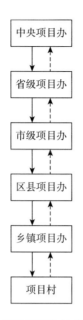

图 4 − 1　"中国贫困农村地区可持续发展项目"纵向管理模式

说明：①图中的实线箭头——▶表示自上而下的领导与管理，包括协调指导、日常管理、监督核查和支持服务，图中的虚线箭头---▶表示自下而上的响应与反馈；②中央、省、市、区县等各级还有项目领导小组以及有关项目技术指导小组，村级还有行政村项目决策委员会及监督委员会、自然村项目实施小组及监督小组，但各级项目办是主要管理机构，为方便表述，图 4 − 1 对项目纵向管理所涉及的机构进行了简化处理。

贫困农村社区社会资本的生长（见图 4 − 2），这主要表现在以下两个方面。一方面，通过社区主导型与参与式发展模式，项目促进了村民集体合作与互帮互助，提升了村集体的凝聚力和社会团结，为联结型社会资本的生长创造了条件。另一方面，通过自上而下与自下而上的纵向管理交互机制，项目促进了贫困社区与国家机构和正式制度之间的联系，为链接型社会资本的生长创造了条件。借用武考克的观点，"中国贫困农村地区可持续发展项目"既帮助贫困社区巩固了群体内部联系以实现更高程度的内部整合，又将处于社会边缘的贫困群体与更广泛的正式制度和国家机构联系起来以实现更广泛的外部链接（迈克尔·武考克，2000）。

　　首先，通过社区主导型和参与式发展，"中国贫困农村地区可持续发展项目"加强了项目村居民的社区参与及集体合作，提高了贫困农村社区自我决策、自我管理和自我监督的能力，从而促进了联结型社会资本的生

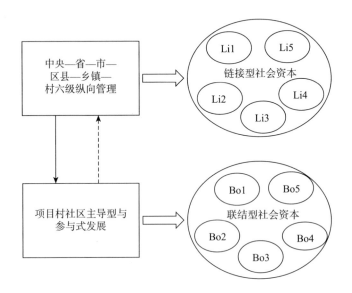

图 4 – 2　"中国贫困农村地区可持续发展项目"促进社会资本的生长

说明：①Bo1、Bo2、Bo3、Bo4、Bo5 分别表示不同项目村社区的联结型社会资本；
②Li1、Li2、Li3、Li4、Li5 分别表示不同层次的链接型社会资本。

成与发展。①　一般认为，联结型社会资本实际上是群内社会资本，存在于内部交往密切、成员具有较强同质性的群体内部联系中，如家庭、亲属、朋友和邻里。作为集体层次的社会资本，联结型社会资本是一个组织、群体、社区甚至整体社会所拥有的网络资源，主要表现为信任、合作、互助等要素。在不同项目村社区，"中国贫困农村地区可持续发展项目"② 都促

---

① 桥接型社会资本属于群外社会资本，存在于跨社区、跨群体、跨阶层之间的外部联系。根据普特南等人的观点，桥接型社会资本建基于跨界别的互动协作以及广泛的社会参与，更多地体现为横向性和普遍化的社会联系（罗伯特·普特南，2001：203～204）。离开了"政府、市场、社会"跨界别的水平合作和社会组织的大规模参与，桥接型社会资本的生长缺乏必要的条件。虽然"中国贫困农村地区可持续发展项目"强调社区主导型发展和参与式扶贫，但这种参与主要限于农村社区内部，缺乏来自外部的不同社会经济背景的组织与个人的参与，加之项目主要依靠国家自上而下的纵向管理，缺乏企业、社会组织的横向参与，因而未能为桥接型社会资本的生长创造必要的条件。

② 由于"中国贫困农村地区可持续发展项目"是中国政府与世界银行在扶贫领域合作开展的第五个大型综合性扶贫项目，因此在实际操作中，各级项目办和项目村习惯于将其简称为"世行项目"或"世行五期项目"，为方便引用调查资料，下文采用"世行项目"或"世行五期项目"的表述。

进了村民集体合作与互帮互助，改善了干群关系，增强了村民对干部和基层政府的信任，提升了村集体的凝聚力和社会团结，下文结合有关案例加以分析。

延长县世行五期项目总投资 4538.32 万元，其中基础设施和公共服务分项目 3509.63 万元，社区发展基金和能力建设分项目 788.71 万元，项目管理、检测和评价分项目 195.11 万元，项目共覆盖 6 个乡镇，71 个行政村，209 个自然村，24189 人。项目采取社区主导型发展模式，把项目的选择权、决策权、实施权、监督权、管理权交给社区，由社区群众根据社区实际情况通过集体协商确定具体项目。延长县对世行项目的评估调查表明，项目充分调动了群众参与公共事务的热情，激发了社区自我发展的内生动力，凝聚了社区农户的合作意识与协调精神，提高了社区和农户自我组织、自我管理、自我发展的能力，促进了社区社会资本和人力资本的发展（延安市延长县，2016）。对此，延长县项目办呼主任深有感触地说，项目村大多属于最贫困地区，村民文化程度低，以前很多人存在"坐等靠要"思想，项目通过参与式发展，调动了村民的积极性，"大家的事大家办"，村民把项目实施的过程变成了共同参与、集体合作、互帮互助的过程。在这个过程中，项目村干群关系明显改善，群众对干部和政府的信任度提高，观念明显改善，过去认为集体的事是政府和村干部说了算，与自己没多大关系，现在愿意积极参加村集体公共事务。关于干群关系改善，河南省扶贫开发办公室外资项目办公室周主任说，村项目全程由村民共同参与，项目怎样进行，"群众知道了""声音发出了""过程参与了"，过程公开透明，群众知情又参与，当然矛盾少了，信任、合作增加了，干群关系得到明显改善。

陈仓区世行五期项目总投资 4672.60 万元，其中基础设施和公共服务分项目 3810.58 万元，农户增收和能力建设分项目 548.97 万元，土地可持续管理和适应气候变化分项目 72.89 万元，项目管理、检测和评价分项目 232.25 万元，项目共覆盖 6 个乡镇，35 个行政村，6248 户，26403 人。陈仓区对世行项目的评估调查表明，项目显著改善了项目村的精神风貌。一是改善了村民关系，心齐力聚的事情多了，一盘散沙、无组织无纪律的事少了，关心集体热爱公益的事也多了，"各人自扫门前雪，休管他人瓦上霜"的事情少了，出现了心往一处想、劲往一处使的良好局面。二是改善了干群关系，有效地将分散的小农组织起来，按照程序进行协商，共同确定和解决面对的突出问题，增强了社区的集体行动能力（宝鸡市陈仓区，2015）。对于项目的实施效果，陈仓区项目办的张主任认为，项目通过参与式扶贫，让贫困地区的贫困人口从被动地接受外界的帮助到直接参与扶贫的整个过程，真正把扶贫项目从政府包揽的事变为农户自己的事，从以前的"干部干、群众看"变为"干部和群众一起干"，极大地激发了农户的主人翁精神。

在我们调查陈仓区坪头镇焦家山村时，村党支部何书记表示，项目对村风和干群关系影响很大。以前该村是附近有名的"上访村"，一些村民因对村干部和基层政府不满经常上访。项目采取了社区主导的参与式扶贫思路，"把权力还给农民"，让村民集体决定项目选择并共同参与项目的实施、管理和监督。群策群力、民主参与、公开透明的管理模式，调动了农民的积极性，增强了他们对村干部和基层政府的信任，形成了"大家的事商量着一起办"的良好氛围。

对于农民"觉悟增加"的变化，陈仓区香泉镇陈家沟村党支部朱书记和村委李主任深有感触，他们举例说：村里的饮用水管道在一次暴雨中被冲坏了，十几户村民主动出钱出力，很快帮助村里修好了管道，这在以前"不敢想象"，那时村集体的事要帮忙根本叫不动村民，从"叫不动"到"主动帮忙"，这是因为项目增强了村集体的凝聚力，让农民在共同参与中学会了协商、互助与合作。

嵩县世行五期项目总投资3593.75万元，其中社区基础设施建设和公共服务（CDD）分项目投资2749.48万元，社区发展资金（CDF）分项目投资660.6万元，项目管理、监测和评价分项目投资122.5万元，土地可持续管理分项目（GEF）投资 61.17 万元，项目共覆盖 8 个行政村，456 个自然村，40681 人。根据嵩县项目办开展的走访调研和座谈，5% 的受访群众参与了项目全过程，36% 的农户有选择性地参与了一些环节，农户参与率达到 91%；94% 的群众认为通过参与项目，拉近了干群关系，提高了农民参与村集体事务的积极性，例如，村里的产业发展、道路维修等公共事务，根本不需要干部安排、命令，时机一到，群众就会自发地行动起来（洛阳市嵩县，2016）。

对于世行项目的实施效果，嵩县项目办贺主任认为，以往的扶贫项目，都是由村委协调组织实施，群众被动接受村委的安排，让干什么就干什么。世行项目将项目的选择权和实施权赋予群众，激发了群众参与项目的热情，他们不断在干中学，管理公共事务从一开始的高度依赖村干部，到通过参与、协商、合作共同解决问题。嵩县饭坡乡张元村的先导工程投资 67.7 万元，其中项目分配资金 47.4 万元，自筹 20.3 万元，群众自发组织到县住建局咨询工程质量控制问题，派专人在工程施工现场进行监督，督促施工单位严格按原材料配合比用料，按施工规范施工。

另外，根据重庆市项目办开展的项目村问卷调查，农户对项目选择及实施的参与率达到了 90% 以上，其中 46% 的农户表示全过程参与，44% 的农户表示参与了部分环节；83% 的农户认为项目实施后村里干群关系得到了改善，其中 35% 的农户认为干群关系改善较大，48% 的农户认为得到了一定程度的改善（重庆市扶贫开发办公室，2015）。

其次，通过"中央—省—市—区县—乡镇—村"六级纵向管理，"中国贫困农村地区可持续发展项目"加强了项目村与乡镇、区县乃至省、市等各级项目办及政府部门的联系，将贫困社区与国家机构和正式制度联系在一起，为贫困社区创造了更多利益表达与政策受益的机会，从而促进了链接型社会资本的生成与发展。一般认为，链接型社会资本是指与政府部门和正式制度之间的关系，存在于不同层级的群体或组织之间的纵向联系中。由于项目实施周期长达 5 年，项目村与上级项目办及政府部门之间进行长期而频繁的联系与互动，在项目实施过程中，来自"中央—省—市—区县—乡镇"自上而下的指导、支持与服务，与来自项目村自下而上的参与、响应与反馈，产生了富有成效的互动效应。尤其值得注意的是，在项目具体运行实践中，这种纵向管理经常突破官僚科层体制逐级上报的限制，形成了自上而下与自下而上之间富有弹性的互动关系。例如，省项目办经常越过市项目办与县项目办直接对接，县项目办越过乡镇一级直接派驻社区协助员进村，全程指导项目实施工作，直接与项目村对接。这种自上而下与自下而上之间富有弹性的互动关系将边缘的贫困社区与国家机构和正式制度联系在一起，促进了链接型社会资本的生成与发展。这表现为加强了项目村与各级政府的双向联系，促进了农民的能力建设和组织建设，为项目村带来了更多的发展资源和机会，下文将结合有关案例加以分析。

世界银行和国家有关部委明确要求各省选择"中国贫困农村地区可持续发展项目"试点村时，要瞄准最贫困地区，确保最贫困的乡村参与项目实施。因此，项目村属于各省市最贫困区域，生产条件恶劣，人口素质不高，自我发展能力低下，无论是在地理空间还是社会空间意义上都处于最边缘的位置。为确保项目顺利实施，上级项目办及管理机构组织项目村干部及业务骨干参加各种外出考察学习、技能培训与业务进修，搭建项目村与各级项目办、有关政府部门以及其他项目试点地区之间知识获取、信息互通、资源交换的桥梁。在项目实施过程中，上级项目办会自上而下地提供协调指导、技术咨询、政策与资金支持，及时解决项目存在的问题。例如，省、市项目办定期召开项目工作会议，进行项目检查与项目现场培训，促进不同项目试点地区的交流。区县项目办会根据项目规划进度派驻社区协助员进驻每个项目村提供协助和指导，搭建项目村与区县项目办沟通交流的纽带。

在调查中，延长县交口镇封家河村党支部朱书记认为，项目不仅提高了村干部能力素质，还给村里带来了一些扶贫开发的资源。为指导项目实施，县项目办举办了包括业务培训、会计培训和技术培训在内的很多培训，朱书记还去四川参加了外出考察培训，学习了很多经验，开阔了视野，提高了能力。在项目实施过程中，封家河村与县项目办以及有关政府部门保持通畅的联系和反馈渠道，村里得到了县财政局以工代赈和县经济发展局的财政资助，修了生产路，解决了村民生产的一大难题。交口镇枣坪村村委会高主任认为，世行项目提高了村干部的管理水平，加强了村里与县政府部门的联系，有助于上级部门更有针对性地投放扶贫资源，在世行项目和后续扶贫开发工作过程中，枣坪村得到县扶贫办、经济发展局、财政局等政府部门的指导和支持。延长县扶贫开发局的赵局长表示，世行项目的成功让县扶贫开发局认识到把农民组织起来进行扶贫创新的重要性，为此他们大力推进农业合作社建设，2015 年、2016 年县财政分别投入 300 万、1060 万用于农业合作社建设，将孤立、分散的小农整合到现代化合作社中，推动示范企业带动贫困农户致富。

根据河南省嵩县项目办开展的走访调研和座谈，91% 的群众认为村委会管理能力、工作能力比之前有明显提高，会更积极向上级申请项目；世行项目促进了村和上级政府的双向交流，县扶贫办和有关政府部门经常到村里征询项目建设意向，实地了解村里扶贫开发情况。受世行五期项目的启发，嵩县决定在全省率先实现贫困村互助资金项目全覆盖，通过成立贫困村互助社，推行社区主导型发展模式，让贫困农户自己思考如何脱贫致富，政府只给予资金支持和必要的技术培训。

接下来，探讨中国香港"社区投资共享基金"中的社会资本生成机制。如前所述，"社区投资共享基金"采取项目制运作模式，建立在"政府＋市场＋社会"各类公私伙伴关系的基础之上，这种伙伴关系的覆盖范围跨越了政府－企业－社会组织等不同界别以及个人—家庭—邻里—社区—地区等不同层面（见图 4-3）。截至 2017 年底，在社区投资共享基金所资助的 351 个服务项目中，平均每个项目的合作伙伴机构达到 26 个，基金所资助服务项目伙伴关系的广泛性由此可见一斑。根据普特南的观点，跨界别的互动协作以及广泛的社会参与创造出相互交叠和相互连锁的社会联系，为发展更广泛和普遍化的社会联系提供了桥梁和纽带，为社会资本的生长提供了深厚的社会土壤（罗伯特·普特南，2001：203~204）。

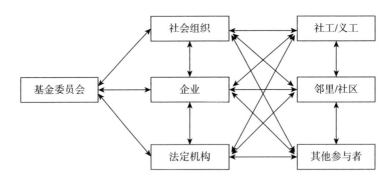

图 4 – 3　"社区投资共享基金"横向管理模式

注：①图中的双箭头 ↔ 表示横向的互动关系；②基金采取项目制运作模式，建立在"政府 + 市场 + 社会"各类公私伙伴关系的基础之上，符合条件的社会组织、企业、法定机构均可以通过申请获得基金委员会的资助以实施社会服务项目。

基金成效评估研究表明，社区投资共享基金在以下六个方面培育了社会资本，提升了个人、家庭和社区的自我发展能力：①提升项目参加者的能力并鼓励他们自力更生；②通过有效运用社区网络及资源，促进不同年龄、背景和种族人士的互信与支持；③建设邻里支援网络，将个人资产转化成社区资产，以提升社区能力；④建构跨界别的合作模式，鼓励私营机构参与社区活动；⑤提倡不同的社会资本建立策略，如师徒配对、伙伴配对、网络建立等；⑥推广网络、信任和团结、互助和互惠、凝聚和包容、参与、信息和沟通等社会资本发展的良好作业模式（社区投资共享基金，2018b：5~6）。基金项目促进了社区参与网络和社会资本的发展，特别是能够协助弱势群体改善社区支持网络，将其与更广阔的个人、市场与公共机构联系起来，提升他们的社会资本和可持续发展能力（Department of Applied Social Studies City University of Hong Kong，2012）。

社区投资共享基金项目验证了社会资本在扶贫开发中的重要作用。2002~2017 年，社区投资共享基金共发动了 9200 个伙伴机构、73.6 万人次参与实施项目，建立了 2100 个社区互助网络，成立了 103 个社区自助组织，这些项目的参与及受益人数超过100万人；就基金所资助的项目而言，平均每个项目建立6个社区互助网络、吸引2000人次参与、牵手26个伙伴机构，由此可见，社区投资共享基金创造了"非比寻常"的社会资本效益（社区投资共享基金，2017b；2018d）。例如，香港妇女中心协会于2015年11月至2018年11月在深水埗区实施"妇女齐起动·开创姿彩人生——建立可持续新来港及单亲妇女互助网络"，该项目获得"社区投资共享基金"255.9万元的资助，主要服务对象是单亲及新来港妇女，目标是通过企业、社会福利机构、社区三方合作模式，在深水埗区的长沙湾邨、荣昌邨等新建成屋邨建立可持续社区互助网络，以就业支持、心理支持和社区参与为重点，将新来港妇女、单亲家庭妇女、社区其他弱势群体、商界以及政府部门结合起来，帮助新来港及单亲妇女拓宽就业渠道、增加经济机会、扩大社会交往圈和社会联系，促进他们的社会融入。互助网络开展的活动形式多样，包括参加朋辈义工、开展家庭互访、提供托儿培训和托儿服务、提供技能培训、积极联络企业为成员创造就业机会。计划强化了社区内外互助网络及其对弱势妇女群体的支援，创造了许多的培训、就业和社会交往的机会，缓解了弱势群体遭受社会排斥的问题。

政策实践和成效评估均表明，社区投资共享基金有力地促进了贫困群体社会资本发展：第一，巩固了家庭、亲属、朋友、邻里等强关系，促进了联结型社会资本的发展；第二，在社会组织、企业、社工、义工、社区居民等不同社会经济背景的组织与个人之间建立了联系，发展了跨群体、跨组织的外部联系，促进了桥接型社会资本的发展；第三，与政府部门、公共决策、正式制度建立了联系渠道，将贫困群体的声音和利益诉求很好地传送到政府部门并影响了公共政策，促进了链接型社会资本的发展（见图4-4）。在很大程度上，基金项目实施的过程，实际上是努力建构跨社区、跨群体、跨阶层社会网络的过程，也是精心培育联结型社会资本、桥接型社会资本、链接型社会资本的过程。

这里以香港离岛妇女联会赛马会妇女综合服务中心负责实施的"阳光

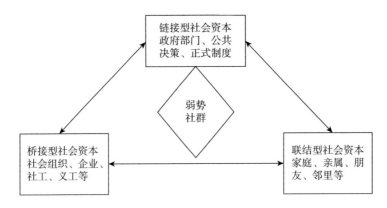

图 4-4 社区投资共享基金促进了社会资本的生长

社区计划"为例，该项目获得了社区投资共享基金 100 多万元的资助，其目标是在香港东涌地区以合作社模式建立一个社区互助网络，将综援人士、单亲家庭、社区其他弱势群体、商界以及政府部门结合起来，鼓励合作社成员发展互助网络、增加社会资本，在提供社区服务及服务他人过程中实现助人自助。阳光合作社的活动形式丰富多样，包括给成员提供技能培训、推行家庭伙伴计划、以配对服务形式鼓励成员互助、积极联络商界和政府部门为合作社成员创造就业机会。在计划实施的 3 年时间里，阳光社区计划发展了核心义工 200 余名，支援单亲、综援、新来港、低收入、少数族裔等不同经济社会背景的家庭 400 余个，创造有薪的就业机会逾 250 个，不仅强化了社区内外互助网络及其对弱势群体的支援，而且通过与政府部门、企业界、第三部门以及公共政策之间的资源链接为社区弱势群体创造了许多培训、就业和创业的机会，缓解了弱势群体遭受社会排斥的问题，促进了他们的社会融入。

四 社会资本的缓贫效应

社会资本的缓贫作用引起全球广泛关注，大量研究证实了社会资本是改善扶贫开发效果的重要变量。普特南认为，作为一种社会组织或群体层面的特征，社会资本是一种具有高度生产性的重要的公共资源，可以通过推动协调和增进合作来提高社会效率，是经济增长和社会发展必不可少的力量（罗伯特·普特南，2001：195）。武考克等人通过对世界许多国家和地区的研究发现，社会资本在经济发展和扶贫开发中具有重要作用，一个地区如果拥有较多的社会资本，即内部具有较紧密的社会网络，以及在居民之间具有较高程度的信任和互惠，那么它就更容易克服贫困问题（Michael Woolcock，1998，2001；Christian Grootaert，2001）。格鲁特尔特（C. Grootaert）等人通过定量研究发现，控制其他变量后，社会资本对于家庭福利具有正面的影响，它能显著提升贫困家庭的整体福利（Christian Grootaert，1999，2001）：具体而言，社会资本越丰富，越有利于积累物质资产，家庭应对收入波动风险的能力越强，相较于低社会资本家庭，高社会资本家庭拥有更多的物质资产、家庭储蓄和获取贷款的机会。纳拉扬等人通过在非洲坦桑尼亚等地的实地研究发现，家庭的社会资本存量对其福利有显著影响（Narayan，D. and Pritchett，L.，1997）。艾沙姆等人的研究表明，社会资本有助于增进农民的集体合作，促进新技术的应用，从而增加农产品产出，提升农民资产总值（艾沙姆、卡科内，2004）。莫里斯在印度的研究表明，社会资本是地区缓贫的关键变量，如果一个地区的社会资本越丰富，公共机构越发达，成员之间的互惠合作越多，那么缓贫的效率和效果就越好（Matthew Morris，1998）。一项基于尼日利亚的研究发现，高社会资本家庭陷入贫困的可能性更低，其统计模型表明社会资本每增加 1 个单位家庭支出就增加 0.57%，社会资本显著减少了陷入贫困的可能性（Okunmadewa，F. Y.，Yusuf，S. A. and Omonona，B. T.，2005）。

国内也有研究验证了社会资本的缓贫作用。有研究指出，关系贫困是导致贫困的重要原因，缺乏社会资本存量和必要的社会支持，加剧了贫困者的经济脆弱和社会排斥，增加了扶贫开发的难度，因而构建社会支持网络、增加社会资本存量应当成为扶贫开发的重要政策路径（郑志龙，2007）。有研究发现，贫困居民拥有的社会资本对缓解家庭贫困问题具有显著的影响，社会资本不仅有助于改善家庭的经济条件，而且可以提高家庭的社会经济地位（梁柠欣，2009，2012）。有学者指出，在社会福利供给方面，国家公共福利制度与社会资本存在功能互补关系，二者分别体现了国家与社会两大系统对于公民发挥的支持和保障作用（黎熙元、陈福平，2007），发展跨空间、跨网络的现代社会资本，可以强化对持有者的福利支持与保障功能（黎熙元等，2006：148）。由于社会资本是影响扶贫效果的一个重要因素，因而应当解决贫困家庭面临的社会支持网匮乏、社会信任欠缺、自我封闭和边缘化等问题，帮助他们提升社会资本（王朝明等，2009）。

综上所述，虽然国内外很多研究证明了社会资本的扶贫作用，但是大多数研究更多是从宏观角度分析社会资本对于缓解贫困的作用，而没有具体分析社会资本对于当地贫困居民究竟有哪些作用。更为重要的是，有关研究并未充分揭示社会资本对于缓解贫困问题的因果机制，即充分解释社会资本为什么能缓解贫困以及如何缓解贫困。一些研究从数据上说明了社会资本与贫困家庭资产存在统计相关性，但缺乏对这种统计相关性背后因果机制的说明。如格鲁特尔特等人发现了社会资本对家庭福利尤其是穷人的家庭福利具有显著的正向影响，但他们没有充分解释这种统计相关性背后的因果机制，仅仅把社会资本的缓贫效应泛泛地归因于增进信息共享、减少机会主义行为、促进集体合作三个方面（Christian Grootaert，2001）。贝比顿（Anhony Bebbington）等人在研究拉美国家贫困问题时发现社会资本在当地农民的谋生过程中发挥了重要作用，但他们并未有效解释社会资本的缓贫机制，仅把社会资本的作用归结于促进当地农民的互惠合作与集体行动（C. 格鲁特尔特、T. 范·贝斯特纳尔，2004：314～366）。与物质资本和人力资本相比，社会资本在扶贫开发中有何独特的作用？社会资本缓解贫困的效应及其影响机制是什么？对于这些问题，还需要更多的研究进行探索和解答。

前文笔者以"中国贫困农村地区可持续发展项目"和中国香港"社区投资共享基金"为典型案例探究了社会资本的生成机制，下面将在此基础上继续探讨社会资本的缓贫效应及其影响机制。在探讨社会资本的缓贫效应之前，让我们先回顾贫困研究的三种具有代表性的理论视角，它们是经济视角、能力视角和社会视角——分别关注经济贫困、能力贫困与社会排斥，在对贫困的界定、测量和分析等方面存在范式性差异。社会排斥视角把贫困研究从经济领域引入更为广阔的政治和社会领域。从贫困概念到社会排斥概念的转变，是一个历史性变化，而不仅仅是一个概念的变化，这种变化就是从静态到动态、从单维到多维、从注重分配到注重社会权利关系的转变（Saraceno，C.，1997：145）。对于社会排斥的产生机制，国外学者提出了如下三种有代表性的分析视角。

一是"疏离－参与"。布查德特等人（Burchatdt，T.，Le Grand，J.，and Piachaud，D.，1999：227－244）认为，社会排斥是参与不足，即社会成员不能正常地参与经济、政治、社会和文化生活，因而参与是缓解社会排斥的重要路径。笔者认为，参与不足就意味着疏离，即社会成员与主流社会之间的疏离，这种疏离有可能表现在社会生活的各个方面。从这个角度说，贫困意味着疏离化，存在参与不足的问题，不能正常地参与经济、政治、社会和文化生活。

二是"断裂－整合"。斯尔维（Silver，1995：60）认为，社会排斥是过度分化引起的社会整合不足，是社会连接（social link）的断裂。按照这个观点，社会排斥就是社会整合不足和社会关系断裂，因而重新联结断裂的社会关系以实现从分化到整合，乃是消除社会排斥的应有之义。从这个角度说，贫困意味着断裂化，游离在社会结构之外，成为难以整合的原子化、孤立化个体。

三是"边缘－中心"。图海纳（Touraine，1991：7－13）认为，社会排斥是一种处于主流社会的边缘的状态，要实现社会融入，就要帮助被排斥者实现从边缘即处于主流社会的外面（being out）到中心即处于主流社会的里面（being in）。弱势群体的边缘化体现在劳动力市场、消费市场、公共政策制定等社会生活的各个方面。从这个角度说，贫困意味着边缘化，被排斥在主流社会之外，不能享受应有的经济、政治和文化权利。

综上所述，"疏离－参与""断裂－整合""边缘－中心"为揭示社会排斥机制提供了富有启发性的视角（见图4－5）：边缘、疏离、断裂是导致社会排斥的三种机制，从疏离到参与、从断裂到整合、从边缘到中心，乃是消除社会排斥、实现社会融合的重要路径。正如瓦尔格所说："一个人如果被排斥在主流经济、政治以及公民、文化的活动之外（这些活动已经深深植入人类幸福的观念之中），那么即便拥有足够的收入、足够的能力，他也依然可能很穷。"（乌德亚·瓦尔格，2003）。对于扶贫开发而言，除了要提升贫困者的经济收入和人力资本之外，还应该致力于从深层次解决贫困者面临的边缘化、疏离化、断裂化问题，帮助他们正常地参与和融入经济、政治、社会和文化生活，实现从疏离到参与、从断裂到整合、从边缘到中心的转变。

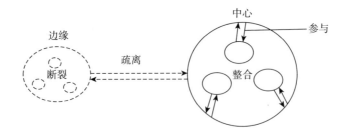

图4－5 社会排斥/社会融入的三种机制

注：①图中的实线小圆圈◯表示整合即在主流社会中实现了整合的社会群体，虚线小圆圈表示断裂即在边缘社群中断裂的贫困群体；②图中的虚线箭头---▶表示疏离即边缘社群无法参与和融入主流社会，实线箭头──▶表示参与即其他社群能够参与和融入主流社会；③图中右边的大圆圈表示中心即主流社会，左边的小圆圈表示边缘即边缘社群。

如果说物质资本扶贫和人力资本扶贫更加关注个人层面的资产与能力建设，那么社会资本扶贫更加关注结构层面的资源链接和社会融合，更加关注贫困社区与贫困人口所面临的社会资本不足、社会排斥与制度性歧视的问题，更加注重通过结构性改革解决贫困社区所面临的内部资源整合度低与外部资源链接不足的问题，缓解贫困人口在经济、政治、社会和文化等领域所遭受的歧视与社会排斥问题。笔者研究发现，作为一种存在于人际关系结构中的社会资源，社会资本具有重要的缓贫效应，具备物质资本和人力资本扶贫难以具备的优势：能够促进贫困群体的社会整合和社会参与，缓解他们在经济、政治、社会和文化等领域所遭受的社会排斥，促进他们更好地融入主流社会。换言之，社会资本的缓贫效应及其影响机制在于能够缓解贫困者所遭受的边缘化、疏离化、断裂化的问题，帮助他们更好地参与和融入经济、政治、社会和文化生活，从而有助于实现从疏离到参与、从断裂到整合、从边缘到中心的转变。下面，笔者以"中国贫困农村地区可持续发展项目"和中国香港"社区投资共享基金"为案例，继续探讨社会资本的缓贫效应及其影响机制。

首先是从疏离到参与。传统扶贫开发项目多是政府包办，贫困者的主体性未受充分关注，后者只是单纯的被救助者、受益者和表达感激者，而不是决策者、参与者和影响者（沈红，2002；古学斌、张和清、杨锡聪，2004）。由此导致的一个后果是扶贫政策习惯于国家大包大揽，贫困者的参与性和主体性未受到充分关注，他们大多只是被动地等待外在援助，把扶贫开发视为国家自上而下赏赐的雨水和阳光。很多贫困者存在"坐等靠要"的依赖思想，并未成为真正的参与者，没有积极能动地履行自己的义务，没有努力实现从"受助"到"自强"。在这种情况下，贫困者是疏离的，不仅在扶贫项目的选择上缺乏话语权，在扶贫项目的实施、管理和监督上也存在参与不足的问题。这种疏离不仅表现为社会层面的疏离（如不参与社区公共活动），也表现为心理层面的疏离（如不关心社区集体事务）。

社区主导型发展和参与式扶贫，通过参与扶贫项目的规划、实施、检测和评估的各个过程并在参与中提升贫困者的发言权、决策权和监督权（伊琳·吉特、米拉·考尔·莎，2004：2~3；李小云，2005：118~119；荣尊堂，2006：2），可以促进贫困者的社会参与和社会资本建设，使他们更有机会表达自身的利益诉求（Karl，2000；UNESC，2005）。通过社区主导型发展和参与式扶贫，"中国贫困农村地区可持续发展项目"激活了贫困农户的自主性和参与性，项目促进了村民集体合作与互帮互助，提升了村集体的凝聚力和社会团结，促进了联结型社会资本的生长。世界银行认为，联结型社会资本将贫困社区紧密联系在一起、促进贫困者集体合作（世界银行，2001：127～131）。以社区参与网络为形式的联结型社会资本将贫困社区紧密联系在一起，增进了贫困村民的集体参与及合作，有助于帮助他们实现从疏离到参与。这种参与不仅表现为贫困村民积极参与项目村内部公共事务，也表现为他们积极参与国家扶贫开发项目的实施和管理。

陈仓区香泉镇陈家沟村党支部朱书记和村委李主任认为，在项目实施后，村民态度明显转变了，从怀疑、观望到信任、参与：原来是"事不关己高高挂起"，认为扶贫项目是政府和村干部的事，现在主动参与项目的管理和监督，树立了主人翁意识。陈仓区项目办张主任认为，以前的扶贫项目主要是基层政府和村干部的事，属于"干部干，群众看"，群众既不愿意参与也不知道如何参与；世行五期项目由村民群策群力，集体参与项目选择、实施、管理和监督，属于"干部和群众一起干"；群众因为对项目有了知晓度和获得感，不仅愿意参与项目管理也知道如何参与。从不参与到参与，农民在集体参与中学会了关心村集体公共事务，学会了在协商、互助、合作中解决问题。对于村民参与积极性的变化，陈家沟村的朱书记说，以前村里要办点大事，村民大多"事不关己高高挂起"，觉得这是村干部的事，叫他过来根本叫不动，现在不一样，如遇到村道维修之类的大事，不等村干部去发动，很多村民主动跑过来帮忙。朱书记所说的从"叫都叫不动"到"主动跑过来帮忙"，形象地说明了村民参与性得到明显提升。

对于贫困村民从不参与到参与的转变，陕西省扶贫开发办公室外资项目管理中心惠主任认为，因为世行项目真正落实了社区主导型和参与式发展的理念，让项目村农民"当家做主""自己的事情自己办"。以嵩县饭坡乡张元村的项目为例，在实施该村项目先导工程时，村民自发组织到县住建局咨询工程质量控制问题，派专人在工程施工现场进行监督，督促施工单位严格按原材料配合比用料，按施工规范施工。嵩县项目办贺主任说，项目村修路架桥要占村民的地，以前这种事情特别麻烦，村干部反复做工作都没用，人家就是不同意占自己的地，这次项目是村民共同决定的，大家有了主人翁意识，占地之类的问题由群众自己商量办法反而很容易解决。由此可见，项目调动了村民的积极性，形成了"大家的事大家办"的生动局面，村民将项目实施的过程变成了共同参与、集体合作、互帮互助的过程。

其次是从断裂到整合。贫困社区往往面临两方面的断裂：一是内部社会关系的断裂，到处是一盘散沙式的原子化个体，难以形成组织化力量；二是外部社会关系的断裂，游离在主流社会结构之外，这也伴随着社会空间的隔离和社区居民的集体贫困。对于贫困社区的发展困境，纳拉扬和武考克提出了"联结困境"（bonding trap）的概念，认为贫困社区单靠联结型社会资本往往不足以帮助贫困者脱困，因为孤立社区的资源极度有限，无法形成内生动力，甚至会造成普遍贫困，此时需要引入外部资源来激活其内生资源（Luca Andriani and Dimitrios Karyampas，2010）。世行五期项目村大多地理位置偏僻，交通不便，自然条件差，村民居住分散，加之青壮年劳动力外流，村里多是老弱病残幼留守人员，不仅与外部资源链接不足，内部整合度也很低，外部支持与内生发展动力严重不足，面临纳拉扬和武考克所说的"联结困境"。按照斯尔维（Silver，1995：60）的观点，只有重新联结断裂的社会关系，实现从断裂到整合，才能够摆脱贫困与社会排斥的困境。一方面，通过建立社区资金互助社，项目促进了联结型社会资本的生长，有助于克服社区内部社会关系的断裂；另一方面，通过国家自上而下的赋权与项目村自下而上的参与，项目促进了链接型社会资本的生长，有助于克服社区外部社会关系的断裂，为项目村链接更为广泛的外部资源和发展机会。

社区发展资金项目属于"中国贫困农村地区可持续发展项目"的家庭增收和能力建设分项目，支持在项目村建立社区发展资金，向农户提供小额借款，支持农户发展种植业、养殖业、加工业、服务业和劳务业等可以带来增收效果的项目。截至 2015 年 9 月，陕西省世行项目在 244 个村建立了社区资金互助社，形成了 4591 万元的互助资金，其中项目出资 4295.4 万元、农户缴纳 295.6 万元，入社农户 13808 户，入社农户中贫困户占 57%，受益人口 48922 人，累计有 8868 户（次）农户得到了社区互助资金的贷款，户（次）均贷款 4818 元（陕西省外资扶贫项目管理中心，2015）。社区资金互助社发扬互助互信的精神，资金归属全体村民，由包括贫困户在内的农户通过入社使用，由互助社或协会负责日常管理。互助社强化了村共同体成员身份，增强了村民之间的信任，规范了社员的行为，提升了他们的合作行为和采取集体行动的能力，促进了联结型社会资本的生长。顾名思义，所谓联结型社会资本，就是将社区内部成员联结在一起的关系网络，它有助于克服社区内部社会关系的断裂，将原子化个体整合成为组织化力量。社区发展资金项目采取了"民有民享"的管理模式，形成了村庄共同体的"共有财富"，激活了贫困地区"熟人社会"范围内的联结型社会资本，为农村社区集体经济发展和农民社员脱贫致富提供了有力的社会支持。

宝鸡市陈仓区坪头镇焦家山村于 2011 年成立了社区发展资金互助协会，截至 2017 年 8 月共有账户资金 87 万元，其中有 13 万元被村民借走尚未到还款期，包括贫困户在内的很多村民向协会借款作为创业资金发展猪、鸡等养殖业和花椒、核桃等种植业，走上了脱贫致富的道路。该村党支部何书记自己也贷了 3 次款，解决了农业生产资金缺口的燃眉之急。嵩县纸房镇台上村党支部贺书记反映，一些村民在发展养殖业时经常面临资金短缺的问题，找银行或农村信用合作社贷款手续比较麻烦，或需要担保或需要抵押，经常要来来回回跑好几趟。村里成立社区发展资金后，很快就为村民提供 20 多万元的贷款，很多农户利用这笔资金大力发展养猪业。养殖规模在 100 头猪以上的养殖户不在少数，一些大户家里有四五百头猪，年收入可以达到三四十万元。

　　重庆市云阳县向阳村于 2011 年成立社区发展资金互助扶贫协会，至 2015 年协会共有会员 192 户，社区发展资金 62.36 万元。协会按照"共有财产"理念，加强资金管理，把互助资金管好，用好用活，做到了没有呆滞贷款和超期贷款，资金利息全额按时回收。社区互助资金借款手续方便、期限灵活、占用费率低，借款和还款在村内完成，解决了低收入农户"越穷越借不到钱"的发展困境。云阳县牌坊村贫困村民谭某，向互助扶贫协会申请了贷款，从附近专业合作社购买了母羊，在协会资金支持和合作社技术支持下，他成为当地有名的养羊大户，不仅自己脱贫致富，还带动了其他 10 余户发展山羊 500 余只，产值突破 30 万元（重庆市扶贫开发办公室，2015）。

　　由于"中国贫困农村地区可持续发展项目"实施周期较长，项目村与上级项目办及政府部门之间进行长期而频繁的联系与互动，在项目实施过程中，来自"中央—省—市—区县—乡镇"自上而下的指导、支持与服务，与来自项目村自下而上的参与、响应与反馈，产生了富有成效的双向互动效应，将边缘的贫困社区与国家机构和正式制度联系在一起，促进了链接型社会资本的生长。世界银行认为，链接型社会资本将贫困社区与正式制度和国家机构联系在一起，为穷人创造更多利益表达和政策受益机会（世界银行，2001：127～131）。以与正式制度和国家机构相互联系为主要形式的链接型社会资本促进了农民的能力建设和组织建设，让项目村直接进入国家政策网络，为村民链接了广泛的外部资源和发展机会。在很多案例中，"中国贫困农村地区可持续发展项目"为项目村构建了更加多样化的网络（diversified network），发展了链接型社会资本，为村民创造了更多的经济机会。

　　河南省嵩县饭坡镇曲里村村干部在项目实施过程中参加了县里举办的农业技术培训，在外出培训和交流中了解到种优质石榴的效益不错，于是在县项目办的支持下带着群众去孟津学习石榴种植技术，学成回来后带领村民大规模种植石榴。县林业局专门派驻技术员进行技术指导，村里种植的石榴产量高，致富快，取得了良好的经济效益，年亩产值超过1万元。

河南省南召县在项目实施过程中，聘请当地农业部门专家为项目村民开展新型农业实用技术培训，聘请省有关政府部门专家到项目村开展能力建设和农业技术指导，提高农户劳动技能和生产能力，使不少项目村农户掌握了致富技术（河南省扶贫开发办公室，2015）。重庆市黔江区白石乡复兴村农户通过参与项目实施和区农委组织的学习、培训，锻炼和提高了劳动技能和生产能力，基本实现了每户懂2~3项农业生产技术，村里青壮年劳动力文盲率降低了20%（重庆市扶贫开发办公室，2015）。

陕西省延长县交口镇封家河村生产路是多年的土路，道路坑洼，崎岖狭窄，下雨天积水严重、泥泞难行，农业机械进不去也出不来，给农业生产带来很大不便，成为制约该村建设发展的一大难题。在项目实施过程中，村民与县项目办以及有关政府部门建立了通畅的联系和反馈渠道。县项目办和有关政府部门经常派员下乡，实地了解和指导项目进展，例如，县项目办派驻社区协助员进村提供协助和指导。在得知这一情况后，县财政局以工代赈和县经济发展局为封家河村提供了财政资助，帮助修了生产路，解决了村民生产的一大难题。世行项目的成功让延长县认识到把农民组织起来进行扶贫创新的重要性，2015年、2016年县财政分别投入300万元、1060万元用于农业合作社建设，将孤立、分散的小农整合到现代化合作社，推动示范企业带动贫困农户致富。

最后是从边缘到中心。图海纳（Touraine，1991：7-13）认为，社会排斥的一个重要机制是边缘化，即被排斥在主流社会之外，不能享受应有的权利和机会。桥接型社会资本是跨网络、跨阶层、跨群体的关系网络，可以将弱势群体与其他社会群体联系在一起。根据世界银行的观点，桥接型社会资本将贫困社区与更广泛的异质性社会群体联系在一起，为弱势群体带来更多社会资源和发展机会（世界银行，2001：127~131）。社区投资共享基金资助的项目在社会组织、企业、社工、义工、社区居民等不同社会经济背景的组织与个人之间建立了联系，发展了跨群体、跨组织的外部联系，促进了桥接型社会资本的发展，提升了弱势群体参与经济、融入社会的能力，有助于帮助他们实现从边缘到中心的转变，更好地融入主流社会。

由于语言、文化、宗教等各方面的原因，少数族裔（如南亚裔人口）处于香港社会的边缘，在很多方面难以融入香港主流社会。为了促进少数族裔的社会融入，中国香港"社区投资共享基金"资助香港圣公会麦理浩夫人中心开展了"家庭 Power Up"计划，通过推动"民、商、官跨界别合作"，开展家庭配对网络、互学互帮文化交易广场等活动，从家庭、邻舍及社区三个层面建立跨种族的社会资本平台，让本地及南亚裔家庭通过互相学习和关怀，编织家庭及邻舍互助网络，为邻里互助和社区共融"充能"（Power Up）。该计划发动海洋公园、葵青警区等商界团体和政府部门，为南亚裔人口提供包括实习、培训、就业在内的社会支持，并组织开展了各种邻里互助和跨文化交流活动，通过发展邻里和社区互助网络，让南亚裔家庭参与邻里和社区活动，为他们融入香港社会提供各种机会和平台，促进了南亚裔人口在就业、社会关系、心理认同等方面融入主流社会。

综援人士、新来港人士、单亲家庭等群体属于典型的弱势群体，他们在就业、收入、社会福利等方面很容易遭受社会排斥。为了促进这些弱势群体的社会融入，中国香港"社区投资共享基金"资助香港离岛妇女联会赛马会妇女综合服务中心实施了"阳光社区计划"，该计划在香港东涌地区以合作社模式建立了一个庞大的社区互助网络，支援单亲、综援、新来港、低收入、少数族裔等不同经济社会背景的家庭 400 余个，创造有薪的就业机会逾 250 个，在政府部门、企业界、第三部门以及不同社会经济背景的组织与个人之间建立了跨阶层、跨网络、跨群体的桥接型社会资本，帮助了很多贫困者在就业和收入、社会交往等方面融入主流社会。

综上所述，社会资本具有十分重要的缓贫效应。从缓解贫困的方式看，社会资本能够为贫困群体提供广泛的社会支持，这种支持不仅包括基本生活、就业等经济支持，也包括社会交往、人际关系等社会支持。从缓解贫困的机制看，社会资本能够促进贫困群体的社会整合和社会参与，缓解他们在经济、政治、社会和文化等领域所遭受的社会排斥，促进他们更好地融入主流社会。社会资本为什么能够促进贫困人口的社会融入？要回答这个问题，有必要先探讨社会排斥的机制。对于社会排斥如何产生的问题，"疏离－参与""断裂－整合""边缘－中心"提供了富有启发性的视角。边缘、疏离、断裂是导致社会排斥的三种机制。要实现贫困者的社会融入，除了要提升其经济收入和人力资本之外，还应该从深层次解决其面临的边缘化、疏离化、断裂化问题。上文以"中国贫困农村地区可持续发展项目"和中国香港"社区投资共享基金"为案例，探讨社会资本的缓贫效应及其影响机制，研究发现，社会资本能够缓解贫困者所遭受的边缘化、疏离化、断裂化的问题，帮助他们更好地参与和融入经济、政治、社会和文化生活，从而有助于实现从疏离到参与、从断裂到整合、从边缘到中心。

实际上，无论是边缘化、疏离化还是断裂化，都是社会孤立（social isolation）的不同面向。美国学者威尔逊认为，社会孤立是指"缺乏与代表主流社会的个人和制度的联系或持续互动……不仅意味着不同阶级和种族背景的群体之间的联系要么缺乏，要么间断"（威廉·朱利叶斯·威尔逊，2007：84～85）。社会孤立的结果是社会结构限制了贫困者的生活机会，包括"获得工作的渠道，能否进入职业网络，婚配对象的选择范围，能否进入优秀的学校，以及是否接触到主流的角色榜样"（威廉·朱利叶斯·威尔逊，2007：85）。按照威尔逊的观点，要缓解社会孤立，就必须加强与主流社会的联系和互动，能够参与到正常的经济和社会生活中来。威尔逊的社会孤立论为解释社会资本何以促进贫困者的社会融入提供了卓越的理论洞见。如果说社会孤立意味着"缺乏与代表主流社会的个人和制度的联系或持续互动"，那么，以网络、信任和互助等为形式的社会资本可以强化"与代表主流社会的个人和制度的联系或持续互动"。社会资本之所以能够缓解贫困人口的社会排斥，促进其社会融入，其中一个重要原因是社会资本增强了他们与不同社会经济背景的个人、机构和制度之间的联系，强化了他们"与代表主流社会的个人和制度的联系或持续互动",从而有助于缓解社会孤立、促进社会融入。社会资本不仅整合了社区内部资源,强化了社区支持网络,而且为贫困者与外部社会资源提供了"桥接"(bridging),把他们与更广阔的个人、市场与公共机构联系起来,因而有助于减少社会排斥,促进社会融入。从"中国贫困农村地区可持续发展项目"和中国香港"社区投资共享基金"的案例经验来看,社会资本缓贫效应的最大化发挥,有赖于将联结型、桥接型、链接型三种形式的社会资本结合起来,这样不仅巩固强大的社群内部联系、实现高水平的内部团结,还与异质性的外部社群发展跨网联系,与国家机构和正式制度建立联系,链接更为广泛的外部资源,为弱势群体带来更多社会资源和发展机会(迈克尔·武考克,2000;世界银行,2001:127~131)。

第五章
社会资本扶贫的政策模式与工具[*]

　　长期以来，缺乏行之有效、富有可操作性的政策模式及工具，是影响和制约社会资本理论大规模应用于社会政策实践的一个主要问题。虽然国内外许多理论研究和政策实践验证了社会资本在社会发展与扶贫开发中的重要作用，但专门以社会资本为主题并且取得成熟政策经验的社会政策并不多见。香港社区投资共享基金自成立至今一直致力于推行社区本位的社会资本发展计划，是国内外为数不多的专门以社会资本为主题、在社会资本扶贫开发方面具有成熟经验的社会政策项目，为探究社会资本导向型社会政策模式及工具提供了典型案例。本章以香港社区投资共享基金为典型案例，提炼和总结社会资本投资的政策模式、路径及工具，希冀发挥"他山之石可以攻玉"的功效，为中国内地应用和推广社会资本导向型扶贫模式提供经验启示。

一　社会资本在政策应用中的范例

　　自 20 世纪 90 年代以后，由于认识到社会资本在社会发展与扶贫开发中的重要作用，一些国际组织、国家和地区开始探索、应用社会资本扶贫的理念、模式和方法。从 1996 年起，世界银行在全球各地开展了一系列社会资本研究计划，大力倡导对贫困地区的社会资本建设，将发展社会资本

　＊　本章内容曾以论文的形式发表，收入本书时作者对原文内容进行了修改和补充，原文参见刘敏
　　《社会资本导向型扶贫开发：以香港社区投资共享基金为例》，《兰州学刊》2018 年第 9 期。

作为缓解贫困的重要手段（罗家德，2005：55）。联合国教科文组织在其《中期战略（2002～2007年）》中将动员和投资贫困地区的社会资本列为其三大扶贫开发战略之一。亚洲开发银行把投资社会资本作为促进包容性社会发展的重要政策工具，认为为穷人投资社会资本对"帮助他们实现必要的社会、经济和政治转变，谋求自我发展具有关键性的意义"（亚洲开发银行，2003a：15～16）。

从20世纪90年代中叶起，巴西政府在全国推行"团结社区"（Comunidade Solidária）计划，加强政府、企业与社会组织之间的三方合作，推动公民、邻里、社区、地区等不同层面的参与，动员跨界别资源，投资社会资本，推动弱势群体和贫困社区实现可持续发展。印度推行"社区经济发展计划"（Community Economic Development），通过参与式和社区主导型扶贫开发系列计划，促进贫困社区的参与式发展和社会资本建设。

需要指出的是，虽然世界银行等国际组织以及印度、巴西等国家从20世纪90年代起纷纷推行了具有社会资本扶贫特点的扶贫开发项目，但是这些项目大多仅限于应用社会资本扶贫的理论和方法，很少专门以社会资本为主题或者系统提出社会资本扶贫的政策模式及应用工具。严格而言，大多数此类扶贫开发项目最多只能称之为应用了社会资本理论与方法，而非属于社会资本导向型社会政策模式。虽然国内外许多理论研究和政策实践验证了社会资本在社会发展与扶贫开发中的重要作用，但专门以社会资本为主题并且取得成熟政策经验的社会政策并不多见。究其原因，这与社会资本在政策应用中面临如下两大困难有莫大的关系。

一是概念定义不清。

尽管许多研究发现了社会资本在缓解贫困方面具有重要的作用，但这些研究缺乏对社会资本准确、统一的定义。"存在不同类型、不同层次或维度的社会资本，不同结果的出现与社会资本不同维度的结合有关，以及存在支持或削弱有益的结合的不同条件。"（迈克尔·武考克，2000）在研究中，联结型社会资本（bonding social capital）与桥接型社会资本（bridging social capital)、政府社会资本（government social capital）与民间社会资本（civil social capital）、个人社会资本与集体社会资本等概念交替使用，不同研究者从个人－微观、社区－中观、社会－宏观等不同层次界定社会资本。

定义不清、概念混乱给社会资本在政策中的应用带来了极大困难。正如波茨等人所指出的那样，社会资本的概念包罗万象，仿佛一切都能跟社会资本扯上关系，社会资本成为万能的混沌，以致美国经济学家肯尼思·阿罗等人主张干脆放弃"社会资本"的概念。

二是政策工具不足。

与物质资本与人力资本范式相比，社会资本范式的一个突出缺陷是政策可操作性不强。虽然国内外学术界广泛认同社会资本在经济增长与社会发展中的重要作用，但对于如何投资社会资本、如何通过社会资本去缓解贫困等问题却众说纷纭，很少有人就此提出明确有效、操作性强的政策工具。一些研究者批评传统的扶贫开发战略忽视社会资本投资，认为应当把社会资本投资纳入国家扶贫开发战略，但对于如何投资社会资本却语焉不详（Roslan Abdul-Hakim et al.，2010）。可以毫不夸张地说，投资社会资本的政策工具的缺乏，一直是社会资本理论研究最薄弱的环节之一，也是阻碍社会资本大规模应用于社会政策的最大难点之一。

如前所述，概念定义不清以及缺乏政策工具，给社会资本理论与方法的政策应用带来了很大困难。因此，探讨社会资本扶贫的政策模式及工具，对于推广和应用社会资本导向型扶贫模式具有重要的理论与现实意义。下文以香港社区投资共享基金为典型案例，探究社会资本导向型扶贫开发的政策模式、路径及工具，希望为促进社会资本在社会政策中的应用、推广社会资本扶贫开发模式提供有益的理论与经验启示。

之所以选择以香港社区投资共享基金为典型案例，主要有以下两个原因。

第一，从政策导向看，香港社区投资共享基金以投资社会资本为主要目标，其主要宗旨是通过培育和发展个人、家庭、邻里和社区层面的社会资本，来提升弱势群体及其所在社区的可持续发展能力。社区投资共享基金一直致力于推行社区本位的社会资本发展计划，以公私伙伴关系为政策路径，以社会资本为政策导向，以社会融入为政策目标，通过培育和发展社会资本，提升弱势群体参与经济、融入社会的能力，很好地体现了社会资本扶贫开发的优势、特色与经验，为探究社会资本扶贫开发的政策模式与工具提供了典型案例。

第二，从政策经验看，香港社区投资共享基金在近 20 年的发展历程中系统应用了社会资本导向型扶贫开发的政策模式及工具，成功地将抽象的社会资本概念应用于社会政策实践并且取得了成熟的经验和显著的成效。作为一项较为成功的社会资本发展计划，社区投资共享基金自 2002 年成立至今历经近 20 年的运作和发展，在培育社会资本和创新扶贫开发模式方面积累了许多可资借鉴的经验。基金体现了香港社会服务注重创新、讲求效益的传统，在培育和推广社会资本、通过社会资本进行扶贫开发等方面形成了一整套行之有效的政策理念、模式、路径及工具，为推广社会资本导向型扶贫开发政策模式提供了有益的经验启示。

自 2002 年成立至今，社区投资共享基金始终致力于推广社区本位（community-based）的社会资本发展计划，推动政府机构、社会组织、企业共同参与社区公共事务，倡导邻里与社区互信互助、社会各界共融共生，通过建立邻里及社区网络、投资社会资本来改善贫困问题，促进社区可持续发展。具体而言，基金的目标主要有以下三个方面（社区投资共享基金，2018a）。

第一，扩大社会参与，鼓励政府、企业和非政府机构跨界合作，发动官商民三方力量共同解决社区问题。鼓励和提升自助互助的能力，通过巩固社区的支持网络，使其能长久自行运作，带动个人自立能力提升，鼓励个人为社会谋福祉。

第二，倡导社会互助，鼓励市民守望相助、互相支持，建设关怀型社区，促进社会团结。推动各阶层、界别和群体的融合，加强社会的凝聚力，增加市民对社会及社区的归属感，建设关怀互信、融洽和谐的社会。

第三，推广守望相助、奋发自强等积极向上的文化价值，鼓励市民互相支持，巩固与加强个人、家庭和社区网络，发展社会资本，提升个人、家庭和社区的可持续发展能力。

通过官商民三方合作，推动跨界别、跨阶层的社会参与，社区投资共享基金支持在地区层面建立合作社、互助会、工作坊、义工队等各种形式的伙伴关系和邻里支持网络，发展社区社会资本，促进扶贫开发与社区可持续发展。根据基金委员会的统计，截至 2016 年底，基金已推行和将推行的资助项目总计 323 个，资助总额 4.32 亿元，项目分布在全港 18 个地区，参与合作的伙伴机构 8900 个，直接参与人数达到 68.2 万人次，建立互助网络 2070 个，成立自助组织 76 个，支援家庭 3.25 万个，惠及 60 多万人，创造了良好的社会效益（社区投资共享基金，2017a）。2002~2016 年，社区投资共享基金总投入 4.32 亿元，年均投入 2880 万元，资助项目 323 个，平均每个项目获资助 134 万，无论是基金总投入还是单个项目投入都不算多，但基金很好地发挥了"花小钱办大事"的社会投资效果，被认为是"充满人情味的基金"，创造了"非比寻常"的社会资本效益（社区投资共享基金，2017b）。

二　基于伙伴关系的政策路径

一般认为，公共服务供给主要有政府供给、市场供给、社会供给三种方式——分别由政府、企业、非营利机构来承担公共服务供给，但是由于存在政府失灵、市场失灵、志愿失灵的问题，因而自 20 世纪 90 年代起一种新的混合供给模式在西方发达国家兴起。与传统服务供给模式相比，混合供给更加重视公共部门与私营部门之间的伙伴关系，更加强调公共服务供给要兼顾社会公平与经济效率。

虽然社区投资共享基金主要由政府财政拨款成立且由政府委托基金委

员会来管理，但从服务供给方式来看，基金所提供的公共服务更加接近混合供给模式，因为它并不是依靠政府、企业、非营利机构中的任何一方来单独承担服务供给功能，而是建基于公共部门与私营部门之间的伙伴关系。基金特别重视加强官商民三方合作，广泛发动社会参与，构建不同层面的伙伴关系，通过"自上而下"与"自下而上"相结合的跨界合作来发展社区社会资本。

社区投资共享基金既不是靠政府部门"单打"，也不是靠企业或社会组织"独斗"，而是有赖于广泛发动社会参与，通过构建政府、市场与第三部门之间的公私伙伴关系（Public-Private Partnerships）来生产和供给社会服务，并且极为注重社会服务的质量、效率和可持续性。基金成立的初衷就是要通过汇聚政府、企业、社会组织、社区等社会各界的资源与力量，共同应对和解决各种社会问题。社区投资共享基金自成立之日起就高度重视官商民合作和公私伙伴关系。正如香港特区第一任行政长官董建华在其《2001年施政报告》中指出，"特区政府会坚持对福利服务所作的承担，同时鼓励市民发挥积极性，汇集个人、非牟利机构、商界等的智慧和力量，建立一套最有效的工作模式，用以解决各种社会问题"，"要大力发挥社区基层人士的主动性，推动市民发扬守望相助、同舟共济的精神……为了支持和推动这个社会服务发展的概念，特区政府计划提供前期资金三亿元，成立'社区投资共享基金'"，"基金将用于由民间倡议的具体项目，务求把资源最直接送到社区基层中，以达到有效地增强民间积极性、改善社区生活质素的效果"（香港特别行政区政府，2001）。

自成立以来，社区投资共享基金始终把基于伙伴关系的三方合作置于维系其运作和发展的关键地位。2004年基金强调要为建立政府、商界、第三部门之间的伙伴关系播下种子，把官商民三方合作更深入地从顶层设计引向基层社区。2006年发动官商民三方力量推广建立地区互助网络，巩固邻里和社区守望相助。2008年成立"社会资本挚友网络"，搭建官商民三方合作、共建共治共享社会资本的交流平台。2012年推出"社会资本动力奖"，表彰对香港社会资本发展做出卓越贡献的伙伴机构。2015 年，通过跨界别合作支持新入伙公共屋邨居民建立互助网络，重点加强新屋邨社区建设和新入伙居民的社会融入。2016 年，将投身社区投资共享基金以外的社会服务计划，并为香港社会资本发展做出贡献的企业、社会组织与法定机构纳入"社会资本动力标志奖"的评选范围，以在更大范围内推动共建共治共享社会资本的模式与政策。

正是基于对伙伴关系的高度重视，基金一贯强调将官商民三方合作机制融入项目的申请、策划、实施、推广、反馈等各个环节，把公共部门与私营部门之间的伙伴关系视为基金会运作的基石和发展的根本动力。基金对公私伙伴关系的重视突出表现在鼓励各类组织与团体参与申报基金资助的服务项目①，以最大化地深化官商民三方合作、拓展公私伙伴关系网络。

尤其值得注意的是，基金所编织的公私伙伴关系网络具有合作主体多元化、合作关系制度化的特点。目前，除了个人以及政府机构外，香港各类私营部门、民间组织和公共机构，如社会服务机构、慈善团体、社会企业、学术团体、注册公司、法定机构等均可申报和参与基金资助的社会服务项目。上述合作主体覆盖了政府、市场、第三部门各类组织和机构，其在项目申报、策划、实施、推广、反馈等各个环节形成了稳定的伙伴关系。根据社区投资共享基金委员会的统计，截至 2017 年 12 月 31 日，共有 351个项目接受了基金资助，参与项目合作的伙伴机构总计 9200 个，平均每个项目的合作伙伴机构达到 26 个，由此可见基金所编织的伙伴关系十分广泛。

从基金的管理架构来看，社区投资共享基金建基于官商民三方合作，形成了政府、企业、社会组织和其他社会力量等各类伙伴关系协作治理的

---

① 除了不允许政府机构参与申报外，基金所资助的项目向香港所有符合条件的企业、社会组织、慈善团体和公共机构开放。这种做法体现了香港公共服务领域三方合作的传统，即在企业和社会组织能够更高效地提供公共服务的领域，政府主要负责政策制定、资金支持和服务监管，尽量不直接参与具体服务供给，以避免政府部门既当"裁判员"又当"运动员"。

模式。

在三方合作框架中，政府部门主要负责政策规划、资金支持和服务监管，社会组织、企业负责策划实施和具体执行社会服务计划，义工、社工、热心人士、社区居民等社会力量广泛参与，形成了"政府+市场+社会"开放联动、多方合作的扶贫开发大格局。

基金的管理架构很好地体现了跨界别合作和公私伙伴关系，截至 2018 年底，负责管理基金的社区投资共享基金委员会有主席 1 名、副主席 1 名，非官方委员 18 名，代表政府部门的当然委员 3 名，委员来自社区、社会福利界、教育界、商界、医务界、学界、政府部门等社会各界，具有广泛的代表性，体现了跨界合作的特点。

从基金的成效表现来看，社区投资共享基金注重资源的投放绩效以及服务成效的评估，以精细化管理为主要抓手，通过严格的监管、成熟的运营及科学的方法对政策产出进行综合评估，着力提升政策产出绩效，确保社会服务的覆盖面、可获得性及服务质量①。

威尔丁认为，虽然香港社会服务的规模及投入不及西方福利国家，但因其注重效益与创新，所以在覆盖面、可获得性及服务质量方面拥有不错的表现（梁祖彬，2007：33～42）。可以说，社区投资共享基金很好地体现了香港社会服务重监管、重质素的优势和特色。基金具有成熟而完善的监管和运营体系，形成了包括项目申请指南、项目规范流程、成效评估工作指引、社会服务质量标准以及绩效评估体系在内的一整套完善的监管与运营体系。基金实行严格的项目管理，在审批项目申请、监察进行中的项目表现及拨款运用、为受资助者提供适切的培训及支持、跟进资助期届满后项目的持续发展、总结项目经验及成效等方面对资助的项目实

---

① 香港建立了包括整笔拨款津贴制度、社会服务竞投制度、中央转介制度、服务表现监察制度等在内的一整套比较完善的社会服务监管体系，相比之下，内地社会服务重投入轻绩效的问题比较普遍，政府部门往往强调增加服务投入，对服务绩效的重视相对不够，对服务成效缺乏系统、专业和完整的评估。因此，香港社会服务绩效评估的专业方法和成熟经验值得内地借鉴（陈锦棠，2008）。

行全过程管理。

截至 2016 年底，社区投资共享基金共资助 323 个项目，参与合作的伙伴机构总计 8900 个，平均每个项目的合作伙伴机构达到 27 个，这些机构包括企业、专业团体、政府部门、社会组织、学校、医院、社区自组织等各类组织。为了解项目进展及成效，香港特区政府劳工及福利局和基金委员会先后两次委托第三方研究机构开展基金资助项目成效评估研究。

根据基金会的监察及评估，截至 2016 年底，在 313 个已经完成、正在进行中以及提早终止的项目中，287 个项目合格，占项目总数的 91.7%（26 个项目"未如理想"，占比 8.3%），其中 62 个项目被评为"旗舰项目"，占项目总数的 19.8%；225 个项目"符合预期"，占项目总数的 71.9%（社区投资共享基金，2017a）。由此可见，绝大多数资助项目通过了评估、达到了预期目标。根据基金成效评估研究结果，基金所资助的项目能够促进官商民跨界别的参与、网络和信任，营建社会资本，特别是能够协助弱势群体改善社区支持网络，提升他们的社会资本和可持续发展能力（Department of Applied Social Studies City University of Hong Kong，2012）。

从基金的运作模式来看，基金资助是由民间社会发起的社会服务项目，发动政府、市场、第三部门广泛参与，汇集官商民三方力量和跨界别资源共同扶助弱势群体，促进社会资本和社区可持续发展。例如，在关怀型社会建设方面，基金鼓励社会福利机构、香港房屋协会、房屋委员会及社区互助委员会紧密合作，广泛发动社区、邻里、楼宇居民参与，拓展社区各个层面的伙伴关系，以楼宇楼长和热心义工为骨干，建立邻里支援网络，有力地营造和增进了邻里关爱与社区关怀的氛围。

经过近 20 年的发展，社区投资共享基金培育出不少各具特色的跨界别合作与社会资本发展模式。2012 年 11 月，在社区投资共享基金成立 10 周年之际，特区政府劳工及福利局组织基金委员会编印了《"拾·连"人情味——建立社会资本十年印记》（社区投资共享基金，2012：111），在这本小册子中总结了基金培育的 6 种具有代表性的跨界别合作以及社会资本发展模式（见表 5 - 1）。

第一，"房、福、社"协作建设安全友善社区。通过社会福利机构、香港房屋协会/房屋委员会及社区互助委员会紧密合作，由受训义工担任楼长/层长，贴心关顾所属楼宇居民的需要，有效建立邻里支持网络。

第二，"家、校、社"协作建构社区承托的家庭支援网络。由社区"铁三角"承托家庭，通过区内中小学"开放校园"的突破性协作，回应社区需要，把家庭、学校和社区更加紧密地联系起来，全面支持有需要的家庭。

第三，"医、福、社"协作建立"身、心、灵"健康关顾网络。医院派出社康护士在社区驻守，结合社会福利机构的辅导服务和社区组织的地区网络，建立关注居民"身、心、灵"健康的社区诊所，从而实现"预防胜于治疗"及"复康在社区"的效果。

第四，"民、商、官、学"协作建立一条龙青年就业及成长导航网络。由专业的持续进修机构，为待业待学青年量身定做认可的证书课程，并且由商界提供工作实习及就职机会。由跨界别义工担任成长导航员，协助解决青少年成长路上的各种挑战。

第五，"民、商、官"协作共建"跨代情"。通过交流让不同年龄层的人士从中互相欣赏及建立"跨代情谊"，这些平台包括在社区设立由长者自己营运的"长者专门店"、跨代杂技团、跨代服务队（如清洁、维修及课托）、跨代邻里探访队等，通过跨界别、跨代合作有效回应社区居民的社会服务需求。

第六，"商、官、社"协作促进社会共融。社会福利机构联系不同界别的伙伴机构，为少数族裔人士提供建立新身份及角色的机会，如担任文化交流团导游、交流讲座导师等，有效加强跨种族交流，促进多元族群的社会融合。

表 5-1 社区投资共享基金发展的跨界别合作模式

序号	跨界别合作模式	社会资本培育策略
1	"房、福、社"协作建设安全友善社区	搭建社会福利机构、香港房屋协会及房屋委员会、社区互助委员会的合作平台,通过担任楼长和层长的义工发挥引领作用,带动社区居民建立邻里支持网络
2	"家、校、社"协作建构社区承托家庭支援网络	搭建家庭、学校、社工三方联动的合作平台,推动区内中小学向社区居民开放校园,满足居民服务需求,扩大社区支持网络
3	"医、福、社"协作建立"身、心、灵"健康关顾网络	搭建医院、社会福利机构、社区的合作平台,依托社会福利机构的服务资源和社区组织的地区网络,针对居民医疗需求建立社区诊所,拓展社区健康关顾网络
4	"民、商、官、学"协作建立青年就业及成长导航网络	搭建民间、商界、政府部门、学校的合作平台,由教育培训机构为待业待学青年提供职业技能培训,发动企业提供实习及就业机会,为青年拓展社会支持网络
5	"民、商、官"协作共建跨代情	搭建民间、商界和政府部门的合作平台,建立社区服务队、邻里探防队、文体活动队,促进老中青跨代交流,提升社区支持网络
6	"商、官、社"协作促进社会共融	搭建商界、政府部门、社会福利机构的合作平台,招募伙伴机构及义工担任文化交流团导游、交流讲座导师,促进多元族群的社会融合

总之,建基于伙伴关系的官商民三方合作机制为基金的运行和发展提供了可持续的动力基础,这种以伙伴关系为动力的社会服务模式"寻求把多种不同的社会机构(包括市场、社区和国家)动员起来",将国家强大的资源动员能力与私营部门的高效率以及社会组织对社会公正的关注相结合(安东尼·哈尔、詹姆斯·梅志里,2006:191~193)。多元化的伙伴关系和跨界别的社会合作,极大地拓展了社区支持网络,为基金资助项目参与者的个人能力与社会资本提升奠定了深厚的基础。

例如,香港理工大学课题组开展的《天水围区资助计划社会资本发展成效评估研究》表明,在针对天水围12个受资助项目的247名项目参与者的调查中,约90%的人表示在参与项目中认识了更多的朋友,超过70%的人表示能够学习到新技能、新知识以及有机会回馈社区,超过60%的人在参与项目之后其关系网及信息获得渠道得到拓展并且对社区的归属感有所提升，大部分项目参与者表示在项目中提升了个人信心及能力，比以往更加有信心和意愿去拓展自己的社会网络，更愿意参与社区公共服务、帮助有需要的人（Department of Applied Social Sciences Hong Kong Polytechnic University，2012）。

2017 年 1 月，在"香港社会资本动力奖"颁奖典礼上，时任香港特区政府政务司司长林郑月娥强调，社区投资共享基金延续了香港邻里守望互助的文化传统，提升了社区居民之间的互信互助以及对社区的归属感，使得社会资本的理念逐步深入基层社区并且得到香港社会各界的广泛支持与认同（央广网，2017）。

三 投资社会资本的政策工具

传统公共服务供给有两种导向：一是物质资本导向，通过现金、实物和服务的供应来增加服务对象的物质资本；二是人力资本导向，通过教育、培训和服务的供应来提升服务对象的人力资本。由于这两种服务供给模式无法有效解决服务对象遭受社会排斥的问题[①]，因而从 20 世纪 90 年代起一种新的社会资本导向的公共服务模式在全球兴起。

从政策导向来看，社区投资共享基金采取了社会资本导向的公共服务模式，其主要宗旨是培育和发展社区本位的社会资本——个人、家庭、邻里和社区层面的社会资本，促进跨群体、跨界别的信任与合作，汇聚政府部门、企业、社会组织跨界别资源，着力提升弱势群体的社会资本以及社区可持续发展能力。与一般基金显著不同的是，社区投资共享基金在审批

---

① 在很大程度上，社会排斥是一个结构性问题，是由于社会结构和社会制度不合理造成的。要有效解决社会排斥问题，必须超越物质资本导向和人力资本导向的个体路径，通过社会资本导向的结构路径来促进社会融入。按照美国著名社会学家米尔斯的观点，结构性问题不仅是"局部环境的个人困扰"，更是"社会结构中的公共问题"，个人困扰"产生于个体的性格之中——这些困扰与他自身有关，也与他个人所直接了解的有限的生活范围有关"，公共问题"超越了个人局部的环境和内心世界"，反映了社会的共同命运，"往往还包含了制度安排中的某个危机"（C．赖特·米尔斯，2005：6~7）。

项目和监察项目成效时特别注重项目要发展邻里、社区、社会支持网络，培育社会资本，促进个人和家庭助人自助。整体而言，社区投资共享基金主要运用如下四类政策工具，在香港社会普及和推广社会资本导向的扶贫开发理念与政策。

1. 社会资本发展计划

社区投资共享基金资助符合条件的机构推行地区性或全港性社区服务和扶贫开发项目，支持官商民机构通过跨界别合作共同推行社会资本发展项目，为培育社会网络、信任和团结、互助和互惠、社会凝聚和包容、社会参与、信息和沟通六种形式的社会资本而努力。社区投资共享基金通过项目制资助社会资本发展计划，具体而言，由社会组织、社会服务机构、企业提出申请项目，由基金委员会负责审批项目，决定资助额度、监察和评估受资助计划的成效。基金每年接受三次拨款申请，符合申请资格的社会组织、商业公司与法定机构提出项目申请，并在基金的资助下实施有关社会服务项目。基金鼓励官商民机构进行跨界别合作，共同推行计划项目，建立社会网络和推行社区支援计划。

根据《社区投资共享基金申请指南》，基金申请资格与条件如下。

第一，项目由民间社会和社区自发推动，能够建立和发展社区和邻里社会资本，申请资助期不应超过 3 年。

第二，项目不以营利为目的，在推行项目时所得的任何盈利或额外收入都必须用于维持项目可持续发展。

第三，面向特定社区的地区性项目和面向若干社区的全港性项目均可受理。

第四，除了个人以及政府机构外，香港社会组织、私营部门与公共机构（不含个人与政府部门），如民间组织、社会服务机构、学术团体、注册公司、法定机构等均可申请项目。

根据基金管理规定，申请项目是否能够获得资助，主要取决于项目是否能够从社会网络、信任和团结、互助和互惠、社会凝聚和包容、社会参与、信息和沟通六个方面培育和发展社会资本①，提升社区可持续发展能力（见图 5 - 1）。申请项目能否紧密围绕上述六个方面来策划、实施和培育社会资本，能否并在多大程度上巩固和强化个人、家庭、邻里、社区、社会层面的社会支持网络，直接决定了项目是否获批、受资助额度以及绩效评价结果。

图 5 - 1　社区投资共享基金培育六种形式的社会资本

2. 推广及教育活动

为更好地向公众普及社会资本的概念，社区投资共享基金通过举办基金推广活动、经验分享及交流会、开展媒体宣传及公众教育、项目推介会等方式，及时推介项目的成功经验，推广社区本位的社会资本发展计划。推广及教育活动的常见形式有：社区投资共享基金论坛、项目经验交流会②、公众

---

①　社会资本的定义与测量是一个见仁见智的问题，在实际政策设计与评估中，社区投资共享基金委员会借鉴了世界银行等国际组织的研究，把社会资本界定为能够提升社会互动频率与质素的社会所共享的制度、关系和标准，具体包括网络、信任、互助、包容、参与和信息六大要素。虽然有关社会资本的测量指标众说纷纭，但这六大要素一般被认为是构成社会资本的核心要素。

②　例如，社区投资共享基金于 2016 年 1 月 29 日举办了以 "'嗒落有味'——细尝地区网络人情味" 为主题的同工分享会，37 个项目团队 66 位同行在一起分享项目成功的经验，探讨如何把服务对象嵌入伙伴关系网络，通过项目在社区层面建立一个持久而稳定的地区网络。

宣传、社区教育、学校教育①、跨界别合作会②、社会资本校际话剧比赛、社区人情味摄影比赛等。

基金每隔两年举行一次社区投资共享基金论坛，邀请官商民各界交流分享社会资本培育经验。2018 年 12 月 18 日举行了以"社会资本社区良方"为主题的 2018 年社区投资共享基金论坛，社区投资共享基金委员、社会资本挚友以及来自社会福利、工商、医护、教育、学术等不同界别的代表参加了多场专题研讨，分享社区资本建设经验，探讨跨界别合作模式。此外，基金在每期资助项目申报前都会举行项目申请简介会，向申请机构和社会公众介绍当期资助项目的主题、申请程序、评审标准，并邀请专家学者和优秀项目代表分享社会资本建设及项目实施的经验。

3. 社会资本挚友网络

为发动更多市民参与社会资本建设，2008 年社区投资共享基金成立"社会资本挚友网络"，搭建官商民跨界培育社会资本的交流平台，动员社会资本挚友利用自身的知识、经验及网络，去固化和推广本地培育社会资本的实践经验，让更多市民了解和认同社会资本的理念并与挚友一道参与社会资本培育工程。

基金会希望把社会资本挚友网络打造成为社会资本交流合作的三大平台。

一是知识交流的互动平台，促进专家学者、行业精英互相交流，探讨和总结香港社会资本建设的理论与实践经验。

二是跨界别合作平台，促进官商民跨界别合作，扩大合作培育社会资本的范围及成效，最大化发挥社会资本的经济与社会效益。

---

① 例如，社区投资共享基金于 2015 年 10 月至 2016 年 2 月期间开展了以"新社区好帮手"为主题推广社会资本的活动，内容包括"全港中学社会资本微电影创作比赛"、简介会暨工作坊、学校巡回展览及推广等，邀请社会资本挚友讲解社会资本理念，通过各种方式向学校推广社会资本概念。

② 例如，社区投资共享基金于 2015 年 5 月 12 日举办了"跨界合作会面"，来自企业及基金资助项目团队约 100 人参加了"儿童及家庭"、"青年人"、"长者"、"邻里网络"、"健康"及"其他"共六个组别的经验分享与合作交流。

三是创意平台，激发政府部门、行业企业、社会组织等各界精英的创意及想象力，为社会资本发展引入更多新策略和旗舰项目。

挚友成员由基金委员及已有挚友成员提名，经基金委员会通过推荐，最终由劳工及福利局局长邀请与委任。成为社会资本挚友一般需要满足如下一项以上资格条件：现任基金委员会委员或退任委员；获颁"社会资本推广大使"奖的个别人士；基金嘉许奖得奖计划的机构主管、计划统筹人、协作伙伴或其代表；熟悉基金或社会资本发展的学者；支持基金或社会资本发展的具有影响力的人士和协作伙伴。社会资本挚友分为创会会员及基本会员两类，其中，创会会员是在基金成立初期已支持及承担社会资本发展的先导者，基本会员是在"社会资本挚友网络"成立以后新发展的会员。

截至 2018 年 2 月，社区投资共享基金共有 193 位社会资本挚友，其中创会会员 48 名、基本会员 145 名，这些挚友成员来自政府、企业、社会组织和社区等不同背景，跨越教育及学术、商业、医护、文化及传播、公共及地区服务、社会福利等不同界别。

4. 社会资本动力奖

为了激励和表彰对香港社会资本发展做出贡献的个人和机构，2012 年社区投资共享基金推出"社会资本动力奖"，每两年评选一次，公开表彰获得基金资助的优秀项目以及为香港社会资本发展做出重要贡献的个人和机构。

社会资本动力奖的目标有三项。

一是鼓励个人及企业、机构践行社会责任以推动建立社会资本。

二是公开表彰对香港社会资本发展有卓越贡献的个人及机构。

三是推动跨界别合作并鼓励更多人积极参与香港社会资本培育工程。

目前社会资本动力奖包括社会资本动力标志奖、社会资本卓越伙伴奖及社会资本卓越计划奖三个奖项，其中，社会资本动力标志奖表彰对象为培育四类以上社会资本并做出了突出贡献的企业或机构，社会资本卓越伙伴奖表彰对象为参与推行基金资助项目并做出了卓越贡献的个人或机构，社会资本卓越计划奖表彰表现卓越的基金资助项目。符合如下条件都可以参与社会资本动力奖有关奖项评选：持有独立公司注册证书的商业机构，以及公营及私营业务的团体，政府部门、法定机构、商会、专业组织、教育团体、大学或大专院校、医疗机构、社会服务团体等。

近年来，基金逐步简化项目申请及管理程序，以鼓励更多机构尤其是中小型机构参与社会资本发展计划，同时加大资源投入力度，协助新入伙公共屋邨居民建立邻里互助网络。2016 年，基金委员会大幅扩大"社会资本动力标志奖"的参评范围，把参加基金资助项目以外的社会服务项目并为社会资本发展做出突出贡献的香港注册企业、公营及私营机构纳入评奖范围，以鼓励更多的公民与组织参与香港社会资本发展计划。

综上所述，自 2002 年成立至今经过近 20 年的探索和实践，社区投资共享基金在培育社会资本、促进社会发展方面形成了四类政策工具（见表 5 - 2）。通过综合运用这些政策工具，基金努力汇聚政府、企业、社会组织、社区、社区居民等跨界别力量与资源，共同助力香港社会资本建设。

表 5 - 2　社区投资共享基金培育社会资本的政策工具

推行时间	政策工具	政策目的
2002 年至今	社会资本发展计划	资助社会资本发展项目，支持官商民机构通过项目实施和跨界别合作，共同培育网络、信任和团结、互助和互惠、社会凝聚和包容、社会参与、信息和沟通六种形式的社会资本
2002 年至今	推广及教育活动	举办基金推广活动、经验分享及交流会、开展媒体宣传及公众教育、项目推介会等方式，及时推介项目的成功经验，推广社区本位的社会资本发展计划，更好地向公众普及社会资本的理念和政策
2008 年至今	社会资本挚友网络	搭建官商民跨界培育社会资本的交流平台，动员社会资本挚友利用自身的知识、经验及网络，去固化和推广本地培育社会资本的实践经验，让更多市民了解社会资本并参与社会资本培育行动
2012 年至今	社会资本动力奖	公开表彰获得基金资助的优秀项目以及对于促进香港社会资本发展做出重要贡献的个人和机构，设有三类奖项，分别为社会资本动力标志奖、社会资本卓越伙伴奖及社会资本卓越计划奖

香港城市大学课题组开展的基金成效评估研究表明，基金委员会及秘书处主要运用了六种策略来发展社会资本。社区层面的策略主要有：①利

用媒体向公众推广社会资本的概念和模式；②加强跨界别机构的互相学习、交流合作，及时分享社会资本建设经验。项目层面的策略主要有：①选择具有社会资本培养潜力的项目；②推广企业社会责任，发动企业积极参与项目；③增加计划参与者的多元性，拓展跨阶层、跨群体之间的社会网络；④紧密依托社区资源，发挥社区参与力量；⑤指导项目建设有助于社会资本营造的文化；⑥加强项目监管，推动项目可持续发展（Department of Applied Social Studies City University of Hong Kong，2012）。

2005～2006年、2010～2012年香港特区政府劳工及福利局及基金委员会两次委托香港理工大学、香港城市大学等第三方机构课题组开展基金成效评估研究，研究结果表明，社区投资共享基金提升了个人、家庭和社区的自我发展能力，在以下六个方面培育了社会资本（社区投资共享基金联校研究及评估报告，2006；社区投资共享基金，2007，2018b：5～6；Department of Applied Social Studies City University of Hong Kong，2012；Department of Applied Social Sciences Hong Kong Polytechnic University，2012）。

第一，提升项目参加者的能力素质并帮助他们实现自力更生。例如，为综援健全受助人提供技能培训和就业辅导，帮助他们提高就业能力、重返劳动力市场，实现从"受助到自强"。

第二，通过有效运用社区网络及资源，促进不同年龄、背景和种族人士的互信与支持。例如，建立互助合作社，发动社区内不同年龄、性别、阶层、种族的人士共同参与邻里互助，巩固社区支援网络，帮助弱势群体更好地融入社区生活。

第三，建设邻里支援网络，将个人资产转化成社区资产，以提升社区能力。例如，建立邻舍互助网络，在同一个屋苑内，促成两个家庭帮助一个有需要的家庭，发挥居民间自助互助及邻舍守望相助的精神。

第四，建构跨界别的合作模式，鼓励私营机构参与社区活动。例如，鼓励商界承担社会责任，发动企业和商户为失业和待业人员创造就业机会、提供空缺职位及实习机会，帮助他们重返劳动力市场。

第五，提倡家庭结对、伙伴配对、互助网络等不同的社会资本建立策略。例如，建立师徒网络，通过师徒配对，以一位师傅配对一位待业青少年，从而建立青少年与在职人士的网络，通过专业人士传授知识和技能，改变青少年的价值观，促进青少年成功就业并以积极方式回馈社会。

第六，推广包括网络、信任和团结、互助和互惠、凝聚和包容、参与、信息和沟通等形式在内的社会资本的有效培育模式，使社会资本的理念和政策得以在社区层面落地生根并得到香港社会各界的广泛支持与认同。

四 促进社会融入的政策目标

公共服务供给有普惠主义与选择主义两种路径，前者以公民普惠为准则，为全社会或某一阶层的所有成员提供无差异的福利服务，为社会民主主义福利体制（斯堪的纳维亚福利模式）所推崇；后者以弱者优先为准则，优先向弱势群体提供有差异的福利服务，在自由主义福利体制（盎格鲁－撒克逊国家福利模式）具有深厚的传统（哥斯塔·埃斯平－安德森，2010）。香港社会福利制度受自由主义福利体制的影响很大，自创立初期就汲取了英国公共援助制度和英国贫困法的经验（Heppell, T. S., 1973：225－238），具有浓厚的自由主义和剩余主义特点（Paul Wilding, 1996）。在目标对象上，香港社会福利制度历来奉行"弱者优先"的原则，强调救助"那些容易受到伤害的人——老人、残疾人和穷人"等所谓的"市场竞争的失败者"和"最不能自助者"。

严格而言，社区投资共享基金并不是社会福利项目，也不是专门针对贫困群体和弱势群体，但体现了香港社会福利制度"弱者优先"的传统：以服务弱势群体为优先目标，重点面向弱势群体及低收入社区，为有需要的社会群体尤其是弱势群体提供各种支持性和发展性服务。

从政策目标看，社区投资共享基金以社会投资为手段，将社会政策与社会支出作为一种积极的投资而非单纯的经济成本，用于人力资本与社会资本投资，提升受助人的可持续发展能力，促进弱势群体的社会融入①。

自成立至今，社区投资共享基金的优先目标始终是促进社会融入，尤其是促进弱势群体的社会融入。早在基金成立初期，香港特区政府就强调，基金是一项社会投资，旨在支援有需要的个人、家庭、社区，通过社会资本建设提升个人、家庭和社区的发展能力，推动社会政策从事后补救到事前预防、从"输血"到"造血"的转变。在此后的近 20 年的发展历程中，社区投资共享基金的政策理念和工具越来越多元化，其所资助的项目范围越来越广泛，但是，其优先政策目标始终是促进社会融入，特别是希冀通过官商民三方合作，加强社会资本投资和可持续发展能力建设，帮助老弱病残幼等弱势群体更好地参与经济活动、融入社会生活。

从资助对象看，社区投资共享基金优先资助以下项目：扶助老人、儿童、青少年、残疾人、单亲人士、失业和低收入人员、妇女、少数族裔等弱势群体或者具有社会福利性质的服务项目，面向贫困人口比较集中的地区、自我发展能力较弱的脆弱性社区的服务项目，面向能够为家庭和社区带来长期的人力发展与社会投资效果而非短期收入或消费增加的服务项目，面向扶贫开发效益好、具有可持续发展潜力并且能够让社区长期受惠的服务项目。

社区投资共享基金资助的项目包括儿童及家庭福利、建构社区能力、青少年发展、长者支援及充能、跨代共融、社会共融、健康关顾七大类别，多数受资助项目主要面向儿童、困难家庭、青少年、妇女、老人、失业者、低收入、残疾人、新移民等弱势群体及低收入社区提供支援服务。例如，在社区投资共享基金的资助下，香港视网膜病变协会自 2004 年起先后推行

---

① 社会融入（social inclusion）是与社会排斥（social exclusion）相对应的概念，一般是指弱势群体在经济、政治、社会和文化生活中融入主流社会的过程。在 20 世纪 80 年代以后，伴随全球化过程中出现的新的不平等和社会排斥问题，社会融入逐渐成为发达国家社会政策的优先议程。例如，欧盟很早就从教育、医疗、社保、就业、政治等方面建立了比较全面的社会融入指标，动态评估社会政策在促进社会融合、缓解社会排斥中的实际效果（彭华民，2005；悦中山、杜海峰、李树苗、费尔德曼，2009）。

了"互助网络展生机""光明师徒计划"等社会服务项目，在这些项目中组织视障人员、家庭及社区居民担任"光明大使"，发动社工、义工和企业组织技能培训班，为视障人员提供手工制作等技能训练，很好地帮助服务对象提升了生活自理能力和就业能力，让许多受助人实现了从"受助到自强"。

从实施类别看，社区投资共享基金资助的大多数项目涉及能力建设和社会融入的主题。具体而言，基金共资助七类社会服务项目：儿童及家庭福利、建构社区能力、青少年发展、长者支援及充能、跨代共融、社会共融（包括少数族裔、新来港人士、残疾人士等弱势群体）、健康关顾（包括精神及心理健康）。在上述七类项目中，家庭及儿童福利、建构社区能力、青少年发展、健康关顾、长者支援及充能五类项目，分别致力于提升家庭及儿童、社区、青少年、残疾人及健康欠佳者、老人的可持续发展能力和社会融入水平，这些项目大多不同程度地涉及社会融入的主题。此外，还有跨代共融、社会共融两类项目专门以社会融入为主题，为包括老人、青少年、妇女、少数族裔等在内的多元化社会群体提供支持性和发展性服务，促进不同社会群体、社会阶层之间的社会融合。截至 2016 年底，社区投资共享基金共资助上述七类共计 323 个项目（见表 5 - 3），其中家庭及儿童福利、建构社区能力项目占项目总数的 55.2%；在 323 个项目中，248个项目已经完成、54 个仍在进行、10 个项目即将开展（社区投资共享基金，2017a）。

表 5 - 3 社区投资共享基金资助项目类别

主要类别及服务对象	资助项目数	所占百分比
儿童及家庭福利	89	27.6%
建构社区能力	89	27.6%
青少年发展	53	16.4%
社会共融	33	10.2%
健康关顾	32	9.9%

续表

主要类别及服务对象	资助项目数	所占百分比
长者支援及充能	16	4.9%
跨代共融	11	3.4%
合计	323	100%

从覆盖社区看，社区投资共享基金资助的多数项目是面向贫困社区、边缘社区、弱势社区。据统计，截至 2017 年底，在已推行的 307 个资助项目中，儿童及家庭福利、建构社区能力、青少年发展、健康关顾等带有为弱势群体"赋能"性质的项目达到 258 个，占项目总数的 84.04%；面向深水埗、葵青、观塘、黄大仙、北区、元朗、屯门 7 个全港贫困率最高地区[①]的项目达到 186 个，占项目总数的 60.59%（社区投资共享基金，2017c）。由此可见，社区投资共享基金资助项目的重点服务对象是弱势群体和贫困社区。

从服务形式看，社区投资共享基金资助项目主要是借助专业的社会工作队伍，通过专业的社会工作方法，提供专业的社会服务，帮助受助人提升信心与能力、更好地融入社会。

项目常见的服务形式主要有：为儿童和家长提供课余托管和假期活动；针对高龄或孤寡老人、残障人士和其他有需要的人员建立探访小组，开展慰问和帮扶活动，缓解他们的社会排斥；为失业人员提供就业辅导、技能培训和就业推荐等服务，帮助他们重返劳动力市场；面向单亲家庭开展一对一、多对多结对帮扶活动，扩充他们的社会支持网络；在低收入和边缘弱势群体之间建立互助组、合作社，强化邻里守望相助和共同发展；在少数族裔群体中开展跨文化交流活动，促进族群融合和社会团结；组织慈善团体、社会组织、企业、大学生和社会热心人士为社区居民提供各种义工

---

① 香港贫困率最高的七个地区分别是深水埗、葵青、观塘、黄大仙、北区、元朗、屯门，在 2014 年 7 个地区的初始贫困率分别达到 26.6%、25.7%、25.1%、24.3%、20.9%、20.6%、20.2%，明显高于香港社会平均初始贫困率，7 个区的初始贫困人口合计 75.12 万，占全港 18 个地区初始贫困人口总数的 56.7%（香港特别行政区政府，2015）。

服务，传递温暖爱心、建设关怀型社会；针对老弱病残幼贫等弱势群体和其他各类有需要的群体开展生活便民、技能转移、生活辅导及义工帮助等社会服务，巩固与加强个人、家庭和社区网络。

例如，香港圣公会麦理浩夫人中心自 2004 年起先后推行了"色彩之城——多种族色彩社区及南亚裔就业师徒计划""互助共享创明天——多种族弱势社群自强互助计划"等促进少数族裔社会融入的项目，组织开展了各种邻里互助和跨文化交流活动，通过发展邻里和社区互助网络，让南亚裔家庭参与邻里和社区活动，为少数族裔人士融入香港社会提供各种机会和平台，促进不同社会群体和多元文化的交流融合。

香港圣公会麦理浩夫人中心于 2010 年 12 月至 2013 年 11 月在香港葵涌、荃湾及青衣区开展了"家庭 Power Up"计划，通过推动"民商官跨界别合作"，开展家庭配对网络、互学互帮文化交易广场等活动，从家庭、邻舍及社区三个层面建立跨种族的社会资本平台，让本地及南亚裔家庭通过互相学习和关怀，编织家庭及邻舍互助网络，为邻里互助和社区共融"充能"（Power Up）。

香港单亲协会于 2010 年 6 月至 2013 年 5 月在香港沙田区面向妇女、家长及幼儿开展了"妇励互助社区计划"，通过开展"家政学堂"、"育儿大使"配对、中年妇女技能培训、育儿工作坊、社区大型教育、社区服务等活动，在社区建立跨阶层的互助志愿网络，加强邻里互助交流，促进社区共融。

香港妇女协会于 2015 年 9 月至 2018 年 9 月在香港大埔区推行第二期"孤单不再——建立可持续跨界别支援照顾者网络"，通过医院、社会福利机构、社会工作者跨界别合作，开展"照顾者互助小组""互助小组联会""社区资源导赏团""减压网络活动""社区关怀探访""邻舍关怀行动日"等活动，将第一期计划在大浦太和邨建立的照顾者支援网络扩张到医院、私营院舍、区内乡郊以及 2015 年新建的宝乡邨，为社区内需要照顾的困难人士、长期患病者及其家人建立可持续的社区互助支援网络。

从项目发展历程看，社区投资共享基金适应香港扶贫开发的形势不断创新主题资助计划。为配合特区政府扶贫开发、社区发展的需要，基金多次资助扶贫开发主题支援计划，优先为弱势群体和基层社区提供社会支援服务（见表 5-4）。

2003 年，为应对非典"SARS"疫情，基金通过项目资助，鼓励社会各界在非常时期团结一致，建立邻里互助网络，增强家庭和社区抗逆力。

2005 年，为配合特区政府"减少跨代贫穷"的政策，基金加强贫困家庭子女教育援助，促进贫困家庭青少年发展。

2008 年，为应对天水围频发的严重的家庭问题，基金资助 13 个天水围社会资本发展项目，创下了历年单一地区获批计划数的最高纪录。

2009 年，为缓解青年失业的问题，基金与香港劳工处合作，推行"新扎创奇职"项目，通过提供培训与就业机会，开发失业青年的就业潜能；同年资助"逆境互助自强"项目，帮助受 2008 年美国金融危机冲击的家庭在经济低迷的逆境中度过难关。

2011 年，为应对频发的社会突发事件，基金会专门以"建设安善社区"为主题，鼓励不同社区推行"楼长"策略，在街坊邻居中发掘和培养楼长，支持建设安全、友善的互助共融社区。

2015 年，为协助新入伙公共屋邨居民建立互助网络，基金推出"新社区、新网络"资助项目主题，鼓励新入伙公共屋邨发挥邻里互助精神。

2016 年，为应对快速老龄化和长者贫困问题，基金连续两期推出与支援老人有关的项目主题，鼓励社区强化长者支援网络。

2018 年，为加强新屋邨社区建设，基金资助面向新屋邨建立社区支援网络项目，常规化开展社区支援计划，帮助新入伙的居民及家庭尽快融入社区。

从项目实际表现看，社区投资共享基金提升了受助人的可持续发展能力，促进了社会共融。基金特别重视所资助项目及其服务对象的可持续发展能力，在实际运行中很好地促进了受助人的可持续发展和社会融入，这体现在以下两个方面。

表 5 - 4 2002 年成立以来社区投资共享基金资助的主题支援计划

年份	支援计划的主题	支援计划的目标
2003	应对非典疫情	鼓励社会各界在非常时期团结一致，建立邻里互助网络，增强家庭和社区抗逆力
2005	减少跨代贫穷	加强贫困家庭子女教育援助，促进贫困家庭青少年发展，减少贫困代际传递
2008	天水围社会资本发展项目	应对天水围频发的严重的家庭问题，协助天水围社区提升家庭和社区凝聚力
2009	"新扎创奇职"	为弱势青年提供更多培训与就业机会，开发失业青年的就业潜能
2011	建设安善社区	推行"楼长"策略，通过项目带动、楼长和街坊广泛参与，共同建设安全、友善的互助共融社区
2015	"新社区、新网络"	发挥邻里互助精神，协助新入伙公共屋邨居民建立互助网络
2016	老人支援	鼓励社区强化老人的支持网络，以更好地应对快速老龄化和长者贫困问题
2018	社区支援网络项目	面向新屋邨常规化开展社区支援计划，帮助新入伙的居民及家庭尽快融入社区

一是项目本身具有可持续发展能力，即项目在基金资助期届满后仍然能够持续运行并造福社会。根据 2013 ~ 2016 年基金管理方开展的一项针对 88 个资助期届满项目的问卷调查，超过 90% 的项目在资助期届满后仍然持续运作，其运作模式主要包括由所属机构提供内部资源支持后续发展、由计划参加者自行管理、由地区伙伴或社区居民提供支持或得到地区重要组织及关键合作伙伴的支持而持续运作等（社区投资共享基金，2017d）。这说明，大多数受资助项目具有可持续发展能力，即便接受基金资助期结束后仍然能够继续滚动发展、造福社区。

二是项目能够提升服务对象的可持续发展能力。根据 2005 ~ 2006 年、2010 ~ 2012 年基金会两次委托第三方机构的成效评估研究结果，受资助的项目加强了不同背景的社会组织、企业、社区、社区居民之间的网络、信任和互助，促进了不同阶层、群体之间的社会包容与社会融入，有效提升了地区伙伴关系的可持续发展能力，特别是能够协助弱势群体改善社区支持网络，提升其社会资本和可持续发展能力（社区投资共享基金，2018c）。

香港城市大学课题组开展的基金成效评估研究表明，基金成功地发展了包括跨族群共融、精神病康复者与社区居民共融、跨代共融、跨界别共融等在内的多种社会融合模式（Department of Applied Social Studies City University of Hong Kong，2012）。基金评估研究表明，近50%的受访者在参与基金计划1年后，个人信心和能力得到显著提升，为基金计划担任义工，实现了从"受助人"到"助人者"的角色转变。总之，近20年的发展实践表明，基金资助的项目为弱势群体创造了大量的学习培训、就业创业、创新创造和其他发展机会，帮助了许多受助人重返劳动力市场或重新参与经济活动、更好地融入香港社会，为促进社会融入、实现社会团结做出了积极的贡献。

五　社会资本扶贫开发的政策模式

社区投资共享基金的运作模式很好地体现了社会资本扶贫开发的政策模式，这集中体现在政策路径、政策导向和政策目标三个方面（见图5-2）。

第一，从政策路径看，通过官商民三方合作来构建不同层面的公私伙伴关系，发展跨群体、跨阶层、跨界别的社会联系，推动社会资本开发和社区可持续发展。

第二，从政策导向看，致力于培育和发展社区本位的社会资本——个人、家庭、邻里和社区层面的社会资本，不遗余力地在全社会应用推广社会资本的概念。

第三，从政策目标看，把社会资本建设当作一种社会投资，加强和巩固家庭、邻里、社区社会支持网，提升受助人及其所在社区的可持续发展能力，促进弱势群体的社会融入。

1. 政策路径：基于伙伴关系的三方合作

香港公共服务供给的伙伴关系可以追溯到20世纪60年代。香港政府

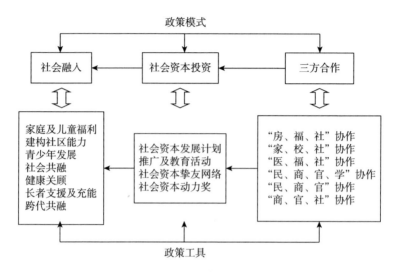

图 5-2 社区投资共享基金的政策模式与工具

在 1965 年发布的首份社会福利白皮书中指出，非政府组织在社会服务供给中扮演重要角色，政府要通过公共财政资助为非政府组织提供支持和帮助。在 1973 年发表的社会福利政策的文件中，香港政府提出与 NPO 建立伙伴关系，明确了在社会服务领域政府与 NPO 共同负责的模式，从此开启了"NPO 卖服务，政府买服务"的合作模式。自 20 世纪 60 年代倡导和发展公私伙伴关系至今，香港政府与商界、第三部门逐步形成了具有资源共享、业务互补、决策互动特点的成熟的制度化合作伙伴关系（陈瑞莲、汪永成，2009：258~261）。

香港社区投资共享基金发扬了香港公共服务重视公私伙伴关系的传统，通过官商民三方合作构建不同层面的公私伙伴关系，经由"自上而下"与"自下而上"相结合的跨界合作来发展社区社会资本。

一是搭建三方合作框架。"三方合作"是指"公营部门（政府）、私营机构（商界）和第三部门的代表携手协力，达致共同及共融的目标"（香港思汇政策研究所，2005：16）。社区投资共享基金由政府出资设立，委托由各界代表构成的委员会负责管理，采取项目制的形式资助企业、社会组织和其他机构共同实施社会服务项目，汇聚政府、市场、社会三方资源，共同帮扶弱势群体。在三方合作的框架之中，政府负责政策制定、资金支持、服务监管，商界参与创造就业机会、举办慈善事业，社会组织提供专业的社会服务。通过官商民三方合作，社区投资共享基金及其所资助的社会服务项目形成了一种"官民合作、官督民营"的社会服务运行模式。

二是构建公私伙伴关系。三方合作的目的是使自上而下的政府力量与自下而上的民间力量相结合，广泛构建公私伙伴关系，汇聚跨界别资源，发挥国家救助、社会互助、个人自助的协同作用。社区投资共享基金将香港社会服务重视公私伙伴关系的传统和特色发挥得淋漓尽致：就广度而言，其伙伴关系的覆盖范围跨越了政府 – 企业 – 社会组织等不同界别以及个人、家庭、邻里、社区、地区等不同层面；就深度而言，其伙伴关系的合作领域跨越了项目本身的管理—策划—申报—实施—评估—推广等全过程以及项目以外香港社会资本建设的项目孵化、合作及推广等全领域。截至 2017 年底，在社区投资共享基金所资助的 351 个服务项目中，平均每个项目的合作伙伴机构达到 26 个，基金所资助服务项目伙伴关系的广泛性由此可见一斑。

2. 政策导向：社会资本投资

长期以来，缺乏行之有效的政策模式及工具，是社会资本理论广泛应用于社会政策一个突出难点和障碍。虽然国内外大量研究验证了社会资本在社会发展与扶贫开发中的作用，但真正把社会资本概念系统应用于具体实践并取得成熟经验的社会政策却乏善可陈。放眼国内外社会政策，专门以社会资本建设为主题的政策"凤毛麟角"，更遑论在投资社会资本方面形成了丰富的"政策工具箱"。香港社区投资共享基金专门以培育和发展社会资本为主题，并且在投资社会资本方面形成了一套行之有效的政策方案及工具，为把社会资本概念系统应用于社会政策实践提供了一个成功的范例。

一是明确投资社会资本的政策目标。社区投资共享基金以培育社会资本为政策导向，其主要宗旨是培育和发展社区本位的社会资本——个人、家庭、邻里和社区层面的社会资本，促进不同群体、机构之间的信任与合作，发挥政府救助、社会互助、个人自助的协同作用，提升弱势群体及其社区的可持续发展能力。社区投资共享基金委员会把社会资本的概念操作化为社会网络、信任和团结、互助和互惠、社会凝聚和包容、社会参与、信息和沟通六个方面的评价指标，要求所有受资助项目紧密围绕上述六个方面来策划、实施和培育社会资本。项目是否能够并且多大程度上从六个方面培育和发展社会资本，在很大程度上决定了项目受资助的额度以及在项目评估时的绩效表现。

二是创新投资社会资本的政策工具。社区投资共享基金探索和建立了包括社会资本发展计划、推广及教育活动、社会资本挚友网络、社会资本动力奖在内的一整套投资社会资本的"政策工具箱"。在这套政策工具箱之中，社会资本发展计划通过资助企业、社会组织实施主题社会服务项目，来培育和发展社会资本；推广及教育活动通过各种教育和推广活动，来总结和推广社会资本发展计划的成功经验，向公众普及社会资本的理念和政策；社会资本挚友网络通过搭建社会资本交流平台、发挥挚友网络的引领带动作用，让更多的行业精英、普通民众支持和参与社会资本发展计划；社会资本动力奖通过表彰对香港社会资本发展有贡献的个人和机构，营造全社会关心、支持和参与社会资本发展的浓厚氛围。

3. 政策目标：社会融入

物质资本扶贫、人力资本扶贫分别重点关注经济贫困、能力贫困，其主要扶贫政策目标分别是保障贫困者的基本生活、开发贫困者的个人潜能。相比之下，社会资本扶贫更加关注导致贫困的社会排斥机制，其扶贫政策目标主要是缓解穷人的社会排斥、促进其社会融入。香港社区投资共享基金以社会投资为手段，将社会政策与社会支出作为一种积极的社会投资而非单纯的经济成本，用于提升受助人的可持续发展能力，促进弱势群体的社会融入。

一是秉承弱者优先、助人自助的理念。虽然社区投资共享基金并不是社会福利项目，但秉承了香港社会福利制度"弱者优先、助人自助"的传统。就弱者优先而言，社区投资共享基金以服务弱势群体为优先目标，重点资助面向老人、儿童、青少年、残疾人、单亲人士、失业和低收入人员、妇女、少数族裔等弱势群体的服务项目，以及面向贫困人口集中地区、自我发展能力较弱社区的服务项目，引导受资助项目重点为弱势群体提供各种支持性和发展性服务。就助人自助而言，社区投资共享基金的最终目标是通过巩固和加强个人、家庭和社区网络和社会资本，引导和帮助受助人实现从受助到"助人自助"，即不仅能够自立自强、自力更生，还能够帮助他人、反哺社会，在助人中进一步提高自己、实现社会价值。

二是加强社会投资、促进社会融入。社区投资共享基金把社会资本建设当作一种社会投资，用于提升个人、家庭和社区的可持续发展能力，推动社会政策从"输血"向"造血"转变、推动受助人从"排斥"到"融入"转变。根据项目类别及服务对象的不同，可以把社区投资共享基金所资助的服务项目分为两大类。一是以特定群体为对象的融合项目，主要包括家庭及儿童福利、建构社区能力、青少年发展、健康关顾、长者支援及充能五类项目，分别致力于促进家庭及儿童、社区、青少年、残疾人及健康欠佳者、老人的可持续发展能力和社会融入，多数项目不同程度地涉及社会融入的主题。二是以多元群体为对象的融合项目，主要包括跨代共融、社会共融两类项目，专门以社会融入为主题，为包括老人、青少年、妇女、少数族裔等在内的多元化社会群体提供支持性和发展性服务，促进不同社会群体、阶层之间的社会融合。

第六章
结论与启示：社会资本导向型扶贫
模式及其政策应用

　　国际经验表明，社会资本对于扶贫开发与益贫式社会发展具有重要作用，不仅能缓解穷人的经济贫困，更能促进他们的社会融入，与物质资本、人力资本共同构成了扶贫的关键性力量。物质资本导向、人力资本导向、社会资本导向三种扶贫模式的扶贫方法论不同，扶贫适用面存在显著差异，扶贫效力具有各自比较优势，因此它们在扶贫开发领域能够形成功能互补的关系。社会资本在国际扶贫开发的广泛应用，标志着扶贫开发从个体性扶贫到结构性扶贫、从孤立式扶贫到合作式扶贫、从外援性扶贫到内生性扶贫的深刻转变，对创新中国扶贫开发的理念和模式具有重要意义。本章从理论依据、实践经验、生成机制、缓贫效应、政策模式五个方面总结社会资本扶贫开发的性质和特点，探讨社会资本导向型扶贫模式及其对中国内地扶贫开发模式创新的启示意义。

一　社会资本导向型扶贫模式

　　从历史的角度看，人类对贫困的认识经历了从经济贫困到能力贫困再到社会排斥的不断深化的过程，与之相适应，全球扶贫开发先后出现了物质资本导向型、人力资本导向型、社会资本导向型三种扶贫开发模式。

　　在古典贫困研究中，贫困主要被看作一种经济现象，是由于物质资本匮乏而出现的生计艰难。因此，扶贫的关键是对贫困者进行物质资本救助，通过提供一定的经济支持来保障贫困者的基本生活。这属于物质资本导向型扶贫：通过为受助人提供一定的收入援助（income support）和福利服务，从经济上保障其基本生活。美国学者谢若登认为，这种政策模式"主要基于收入观点，即物品和服务的供应。不论是健康医疗、住房、直接财政救助、教育或者其他领域的福利，重点一直在所接受或消费的物品和服务的水平。这种政策的基本假定是，贫困和困难产生于资源供应的不足"（迈克尔·谢若登，2005：3~4）。

物质资本导向型扶贫模式的历史最为悠久、影响也最为深远，无论是中国古代的安民救荒与扶贫济困、西方近代的济贫制度，还是现代福利国家的社会救助制度，都植根于这种扶贫模式。物质资本救助是扶贫开发的经济基础，但不是"万能药"，可以舒缓贫困却不能根治贫困，可以"治标"却不能"治本"。这是因为，贫困不仅是物质匮乏、经济窘迫，而且涉及能力低下、社会排斥等更多深层次的因素，不触及这些深层问题，仅限于消极的物质资本救助，这就放大了扶贫的"输血"功能，而忽视了其"造血功能"，不仅扶贫效果大打折扣，甚至有可能导致贫困者陷入"贫困陷阱"而难以自拔。

20世纪60年代，人力资本理论风靡一时，这种理论认为，"贫困国家的经济之所以落后，其根本原因不在于物质资本短缺，而在于人力资本的匮乏和自身对人力资本的过分轻视"（T. W. 舒尔茨，1992：16）。这一观点颠覆了长期以来以物质匮乏论和经济贫困论为代表的贫困研究"正统范式"，人类开始认识到，导致贫困的深层原因是贫困者能力不足，如教育水平低、技能不足和健康状况差，因此，扶贫的关键是开发穷人的人力资本，使其形成自我发展的能力。这属于人力资本导向型扶贫，主要是通过提供教育、培训、技术、就业、卫生保健等人力开发式服务，来开发贫困者的人力资本从而使其形成自我发展的能力。对于这种扶贫模式的精髓，英国著名社会学家吉登斯指出，"在可能的情况下尽量在人力资本上投资，而最好不要直接提供经济资助"（安东尼·吉登斯，2000：107）。

人力资本导向型扶贫不仅关注贫困者的经济贫困、生存权，还关注他们的能力贫困、发展权；不仅为贫困者"输血"，还帮助他们"造血"，这是人类扶贫史上的一次巨大的历史进步，在国际扶贫开发领域产生了巨大影响。但是，这种扶贫方式也是有缺陷的，它只是注意到了贫困者个体能力和素质的不足，"却没能够看到陷人于贫困的社会、政治和心理过程"（乌德亚·瓦尔格，2003）。

20世纪80年代，社会排斥理论的兴起进一步深化了人类对贫困问题的认识。社会排斥理论认为，贫困不仅是一种涉及经济剥夺、能力低下等的个人现象，更是一种涉及权利剥夺、社会排斥等的社会现象，意味着贫困者在劳动力市场、政治参与、社会关系和社会福利等方面被排斥在主流社会之外，无法享有正当的权利和机会。因此，扶贫开发不仅要关注贫困者的经济剥夺、能力不足，还要关注其遭受的社会孤立、社会排斥；不仅要帮助贫困者增加物质资本、人力资本，还要帮助他们增加社会资本、提升融入经济与社会生活的能力。与此相适应，社会资本导向型扶贫理论应运而生，这种理论认为，贫困实际上是因为弱势群体在经济、政治和社会活动中由于参与不足而被边缘化以及缺乏必要社会资源及生活机会，是社会排斥和社会资本匮乏的结果。要消除贫困，必须巩固和提升穷人的社会资本，鼓励他们成立自己的组织、表达自己的声音，努力提升其参与经济、社会和文化生活的能力（迪帕·纳拉扬等，2001，2003，2004）。

总之，物质资本导向型扶贫主要是通过提供现金、实物和服务等方面的物质资本救助来保障贫困者的基本生活，人力资本导向型扶贫主要是通过提供教育、培训、就业等方面的人力资本开发来提升受助人脱贫致富能力，社会资本导向型扶贫主要是通过加强穷人的社会参与和社会支持网来促进其社会融入。本书认为，由于上述三种扶贫模式的扶贫方法论不同，扶贫适用面存在显著差异，扶贫效力具有各自比较优势，因此它们在扶贫开发领域能够形成功能互补的关系。

1. 扶贫方法论

三种模式的扶贫方法论明显不同。

在很大程度上，物质资本导向型扶贫与人力资本导向型扶贫在扶贫方法论上采取的是方法论的个体主义（methodological individualism），即在不改变社会关系和社会结构的条件下，通过改善贫困者的物质资本与人力资本使其形成自我积累和自我发展的能力，从而达到扶贫脱贫的目标。

社会资本导向型扶贫模式在扶贫方法论上采取的是方法论的集体主义（methodological collectivism），即在为贫困者赋能（empowerment）的同时尽力改善贫困者的社会关系以及他们所处的社会结构，通过社会资本建设帮助他们摆脱经济、政治、社会和文化等方面的排斥，从而实现社会融入的目标。

物质资本导向型扶贫与人力资本导向型扶贫具有目标针对性强、扶贫瞄准率高、政策效益性好、适用范围广的优势，因而是国际社会使用最广泛、最普遍的扶贫模式。但是这种方法论的个体主义扶贫模式很容易把贫困化约为一种个人问题，难以真正认清贫困的结构性特征，难以从根本上触及衍生贫困的政治、社会乃至文化等隐秘的结构性机制，甚至容易造成"谴责受害者"（blame the victims）的不公平。对此，有学者指出，这种扶贫模式过于关注导致贫困的个体性原因而忽略了社会性原因："如果没有考虑经济、政治、公民权利以及文化方面的排斥，任何关于贫困的讨论都不完整……虽然一些人拥有足够的收入、消费和基本能力，但他们仍然有可能陷入贫困，因为他们被各种社会过程排斥。"（乌德亚·瓦尔格，2003）

相比之下，就致贫原因而言，社会资本导向型扶贫模式更加关注导致贫困的"社会、政治和心理过程"和社会排斥机制；就扶贫方式而言，更加强调多层次、多主体对扶贫活动的参与（包括宏观上国家或地区层面的扶贫政策制定，中观上扶贫项目和社区发展的公共参与，微观上贫困者个体的社会参与）；就扶贫目标而言，更加注重发挥国家救助、社会互助和个人自助的协同作用，通过构建各种政策伙伴关系和改善个人、家庭、邻里、社区等不同层面的社会资本，为贫困者的可持续发展创造更好的社会结构条件。但是，这种扶贫模式也存在政策操作性不强、扶贫周期长、前期投入见效慢等劣势，因而尚未在国际社会得到大规模的应用和推广。但是无论如何，瑕不掩瑜，考虑到扶贫开发的实际需求和社会资本扶贫的比较优势，相信社会资本导向型扶贫模式在国际扶贫开发领域拥有不可替代的政策价值和广阔的应用前景。

2. 扶贫适用面

三种模式的扶贫适用面存在显著差异（见图 6 - 1）。

物质资本导向型扶贫模式适用于对各类贫困群体的救助式扶贫，尤其适用于对老弱病残幼等缺乏劳动能力和依靠自身力量难以脱贫的贫困群体的兜底性扶贫。对于其他可以通过自身力量摆脱贫困的贫困者而言，这种扶贫模式只能起到维持基本生计的作用，难以从根本上帮助受助人脱贫。

人力资本导向型扶贫模式更适用于对失业和低收入等适龄、健全、具有劳动能力的贫困者以及其他依靠自身力量可以脱贫的贫困人员的开发性扶贫，难以应用于对缺乏劳动能力的贫困者的扶贫。

社会资本导向型扶贫适用于对更广泛弱势群体的参与式扶贫，既可以应用于对缺乏劳动能力和依靠自身力量难以脱贫的贫困群体的社会支持（如通过开展邻里互助、倡导社区关怀，为老弱病残幼等弱势群体提供人际关系支持、心理慰藉和情感支持），也可应用于对具有劳动能力和依靠自身力量可以脱贫的贫困群体的社会支持（如通过拓展社会支持网、建立互助社、开展就业援助等方式，帮助失业贫困者重返劳动力市场）。

上述三种扶贫模式各有千秋，完全能够在扶贫开发领域形成功能互补关系。扶贫开发政策不应停留于比较三种扶贫模式孰优孰劣上，而应结合所在国家和地区的经济社会发展水平以及扶贫开发需求，因地制宜采取物质资本、人力资本、社会资本相结合的组合式政策工具。

针对欠发达社会的绝对性贫困、普遍性贫困、发展性贫困问题，应该在物质资本救助式扶贫的基础上重点开展人力资本开发式扶贫，运用招商引资、扩大投资、产业扶贫、资源开发、教育扶贫、就业扶贫等政策手段

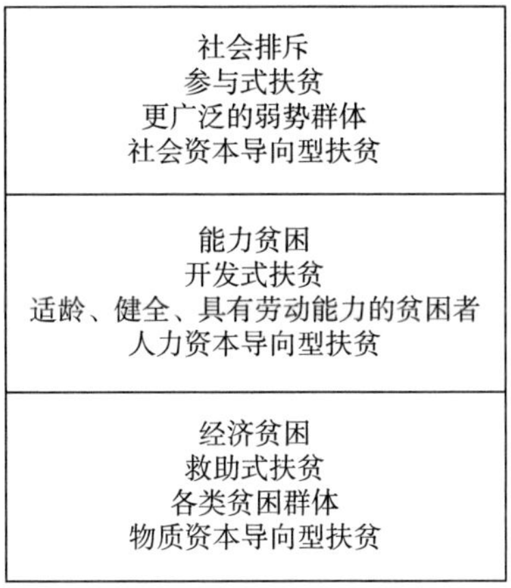

社会排斥 参与式扶贫 更广泛的弱势群体 社会资本导向型扶贫
能力贫困 开发式扶贫 适龄、健全、具有劳动能力的贫困者 人力资本导向型扶贫
经济贫困 救助式扶贫 各类贫困群体 物质资本导向型扶贫

图 6 - 1　三种扶贫模式的适用面

开发贫困地区的自然资源和人力资源，通过促进经济可持续增长和增加社会收入总量来改善贫困者的经济福利。

针对发达社会的相对性贫困、集中性贫困、结构性贫困问题，不仅要开展物质资本救助式扶贫和人力资本开发式扶贫，还应该开展社会资本参与式扶贫，通过社区主导型发展、参与式评估、社会资本发展等政策手段促进贫困者的社会融入，从深层次缓解他们遭受经济、政治、社会和文化排斥的问题。

针对同一历史时期同一国家和地区的扶贫开发，一般而言，首先，应通过物质资本救助式扶贫保障贫困者的基本生活，缓解其经济贫困；其次，通过人力资本开发式扶贫开发贫困者的个人潜能，缓解其能力贫困；在此基础上，再通过社会资本参与式扶贫促进贫困者的社会融入，缓解其社会排斥。

总之，上述三种扶贫模式具有各自的比较优势，在扶贫开发政策实践中应该打政策组合拳，结合不同历史时期、不同国家和地区的扶贫需求，综合运用物质资本、人力资本和社会资本进行扶贫开发。对于扶贫开发政策组合拳的效力，世界银行认为："把加强对穷人的教育与更好的投资环境结合起来，就能增强穷人从迅猛扩张的经济中获益的能力。但是，增强穷人能力的影响远大于此。它涉及产权的组织和治理，进而使穷人做出影响他们生活的决定。"（世界银行编写组，2003：110）

二 社会资本导向型扶贫政策应用

国际经验表明，社会资本对于扶贫开发与益贫式社会发展具有重要作用，不仅能缓解穷人的经济贫困，更能促进他们的社会融入，与物质资本、人力资本共同构成了扶贫开发的关键性力量。

在 20 世纪 90 年代以后，伴随社会资本理论研究的兴起及其理论成果的实际应用，社会资本在社会发展和扶贫开发中的作用得到了广泛重视（Woolcock，M. and Narayan，D.，2000）。在世界银行等国际组织的推动下，社会资本扶贫开发的理念、模式和方法在国际扶贫开发以及国际发展援助领域得到了广泛应用。从 1996 年起，世界银行在全球各地开展了一系列社会资本研究计划，大力倡导对贫困地区的社会资本建设，将投资社会资本作为缓解贫困的重要手段。世界银行认为投资社会资本是消除社会排斥、促进穷人社会融入的重要路径，也是提升扶贫开发项目绩效、增强贫困地区可持续发展能力的重要保障（世界银行，2001：127～131）。联合国教科文组织在其《中期战略（2002～2007 年）》中将动员和投资贫困地区的社会资本列为其三大扶贫开发战略之一（The United Nations Educational，Scientific and Cultural Organization，2002）。亚洲开发银行把投资社会资本作为促进包容性增长和益贫式发展的重要政策工具，认为社会资本积累对帮助贫困者实现必要的经济、社会和政治转变，谋求自我发展具有关键性意义（亚洲开发银行，2003a：15～16）。

本书认为，社会资本在国际扶贫开发的广泛应用，标志着扶贫开发方法论从个体性扶贫到结构性扶贫、从孤立式扶贫到合作式扶贫、从外援性扶贫到内生性扶贫的深刻转变，对创新中国扶贫开发的理念和模式具有重要意义。

一是从个体性扶贫到结构性扶贫。

物质资本扶贫范式和人力资本扶贫范式将贫困的主要原因归结为个人原因（如经济匮乏、能力不足等），更加关注个人层面的资产与能力建设，因而可称之为个体性扶贫。社会资本扶贫范式将贫困的主要原因归结为结构原因（如社会排斥、社会不公等），在扶贫方法论上主张改善贫困者的社会关系以及他们所处的社会结构，因而可称之为结构性扶贫。

从个体性扶贫到结构性扶贫，意味着扶贫开发的关注焦点从提升贫困者的个人资产与能力到改革不合理的社会结构与社会政策。这些社会结构与社会政策既有微观（个人、家庭）、中观（组织、社区、地方）、宏观（社会、民族国家）等不同层面，也有经济、政治、社会、文化等日常生活的不同方面。例如，保障贫困者在基本生活、社会保障、教育、医疗、住房、就业等方面享有平等的权利和机会，消除制度性歧视与社会排斥；发展政府、企业、社会组织、社区等不同层面的政策伙伴关系，运用社会资本共同协助贫困群体；拓展贫困者和弱势群体参与公共政策的渠道，提升他们参与经济活动、融入社会生活的能力。总之，如何帮助贫困者摆脱经济、政治、社会和文化排斥并实现社会融入，是社会资本扶贫范式的优先议题。

二是从孤立式扶贫到合作式扶贫。

与物质资本、人力资本不同，社会资本由构成社会结构的要素组成，主要存在于社会关系的结构之中，不依赖于孤立的个体和组织。从深层次来讲，物质资本与人力资本的个体性特征即可以依附于独立的个人或组织，决定了物质资本扶贫和人力资本扶贫可以采取孤立式扶贫的方式（如依靠政府主导的大规模资源投放）。社会资本的结构性特征即存在于社会关系的结构之中，决定了社会资本扶贫只能采取合作式扶贫的方式，因为孤立式扶贫既难以创造社会资本，也无法有效发挥社会资本的功效。

合作式扶贫强调通过政府、市场与第三部门之间的合作，整合跨界别资源形成扶贫开发的合力，发挥国家救助、社会互助和个人自助的协同作用。这种基于合作治理（cooperative governance）的社会政策"寻求把多种不同的社会机构（包括市场、社区和国家）动员起来"，将国家强大的资源动员能力与私营部门的高效率以及社会组织对社会公正的关注相结合，能够极大地提升资源配置效率和公共服务水平（安东尼·哈尔、詹姆斯·梅志里，2006：191~193）。

三是从外援性扶贫到内生性扶贫。

缺乏配套服务的物质资本救助往往难以帮助贫困者实现从受助到自强，因而多属于外源性扶贫。人力资本扶贫因其注重人力资源的开发因而属于典型的内生性扶贫。社会资本扶贫因其强调通过拓展社会资本来获取更多的发展资源和机会因而也属于内生性扶贫。虽然都具有内生性扶贫的特点，但人力资本扶贫的关注焦点更多地在于提升贫困者个人能力与素质，社会资本扶贫的关注焦点更多地在于改善贫困者的社会关系和发展环境。前文所述的参与式发展、社区主导型发展、合作式发展都体现了对社会关系和发展环境的关注。

根据世界银行的观点，社会资本扶贫着力改善的社会关系和发展环境集中体现在三个维度（世界银行，2001：127~131）。

一是将贫困社区紧密联系在一起、促进贫困者集体合作的联结型社会资本（bonding social capital）。

二是将贫困社区与更广泛的异质性社会群体联系在一起、为贫困者带来更多社会资源和发展机会的桥接型社会资本（bridging social capital）。

三是将贫困社区与正式制度与国家机构联系在一起、为贫困者创造更多利益表达和政策受益机会的链接型社会资本（linking social capital）。

上述三种形式的社会资本可以缓解贫困者的社会排斥，改善他们的发展环境。在很大程度上，联结型社会资本让贫困者更加紧密地联系在一起，为他们的可持续发展带来了组织化力量；桥接型社会资本把贫困者与更广阔的市场、公共机构联系在一起，为他们融入经济社会生活提供了桥梁和纽带；链接型社会资本在贫困者与政府部门、公共政策之间建立了联系，为缓解对贫困者的政策性歧视创造了机会。

社会资本扶贫开发的国际经验表明，社区主导型发展在构建联系紧密的社区共同体、建设联结型社会资本方面行之有效，参与式发展在发展跨网络异质性社会联系、构建桥接型社会资本方面富有成效，合作型发展在加强政府、市场与第三部门之间的联系以及投资链接型社会资本方面成效显著。

进入 20 世纪 90 年代以后，在世界银行等国际组织的推动下，中国在部分地区和一定范围内逐渐引入参与式扶贫、社区主导型发展、合作型扶贫等扶贫开发模式。例如，从 1995 年起，中国政府与世界银行合作，引入参与式扶贫和社区主导型发展模式，先后开展了西南扶贫项目、秦巴山区扶贫项目、甘肃和内蒙古扶贫项目、贫困农村社区发展项目、中国贫困农村地区可持续发展项目等系列扶贫开发项目。这些扶贫开发项目虽然没有专门以社会资本扶贫为主题，但不同程度地运用了社会资本扶贫的理念和政策手段，为更大范围推广社会资本导向型扶贫开发模式积累了丰富的经验。

但是，整体而言，中国扶贫开发政策仍是以政府主导型扶贫、救助式扶贫、开发式扶贫为主，对合作式扶贫、参与式扶贫的投入较少；主要致力于改善贫困人口的物质资本与人力资本，对他们的社会资本建设重视不够；主要解决贫困人口的生存性需求，对他们的发展性需求的回应不足。在很大程度上，这种扶贫开发政策是由中国过去经济发展水平不高、社会发展程度较低的现实国情以及实际扶贫需求所决定的。例如，在这段历史时期，中国的贫困问题主要表现为经济匮乏、能力不足，因此中国的扶贫开发政策以救助式扶贫和开发式扶贫为主导，对参与式扶贫和社会资本扶贫的需求不大。

一个令人瞩目的事实是，中国正在从传统的匮乏社会迈入丰裕社会。按照世界银行的统计，2016 年中国 GDP 总量近 11.20 万亿美元，占全球经济总量的 14.84%，稳居世界第二；人均 GDP 超过 8100 美元，达到中等偏上收入国家的水平。伴随中国迈入丰裕社会，中国的贫困问题呈现许多新的特点，例如，不仅表现为经济匮乏、能力不足，而且越来越呈现相对剥夺、社会排斥的特点；不仅需要改进救助式扶贫和开发式扶贫，而且需要创新参与式扶贫。丰裕社会的来临以及由此导致的扶贫开发需求的变化，客观上要求中国不断创新扶贫开发政策的理念、模式和方法。

探究丰裕社会的贫困问题，必须在经济视角和能力视角之外引入社会视角，更多地关注贫困群体所遭受的经济、政治和文化排斥。与此相适应，治理丰裕社会的贫困问题，不仅要充分运用物质资本理论、人力资本理论的政策工具，也要引入社会资本的概念和政策工具；不仅要巩固国家主导的救助式扶贫、开发式扶贫，也要开展基于官商民三方合作的参与式扶贫、合作式扶贫；不仅要坚持以快速经济增长为核心的增量扶贫策略，也要发挥好以社会政策再分配功能为核心的存量扶贫策略，促进包容性经济增长和益贫式社会发展（刘敏，2019）。总之，如何在更大范围、在更广领域、更高水平，推广社区主导型发展、参与式发展、合作型发展等新型扶贫开发模式，探索社会资本扶贫的新模式、新路径和新方法，是摆在中国各级政府面前的一项重要课题。

三 社会资本的纵向与横向建构

社会资本是如何生成的？对此，政治建构论、社会建构论、文化建构论莫衷一是，分别强调政治制度、社会自治、历史文化在社会资本生成中的重要作用，它们看似针锋相对，但都是在国家与社会的对立关系中解析社会资本建构命题，并且忽视了不同形式社会资本的生成机制存在差异的事实。基于以上原因，本书以"中国贫困农村地区可持续发展项目"和中国香港"社区投资共享基金"为典型案例，从国家与社会互动的视角探讨不同形式的社会资本的生成机制。

一般认为，由于网络结构及网络性质的不同，群体之内或群体之间一般存在三种不同形式的社会资本（Bebbington，A.，1997；Deepa Narayan，1999；D. C. Onyx，J. and Bullen，P.，2001）：联结型社会资本（bonding social capital）、桥接型社会资本（bridging social capital）、链接型社会资本（linking social capital）。联结型社会资本实际上是群内社会资本，存在于内部交往密切、成员具有较强同质性的群体内部联系中，如家庭、亲属、朋友和邻里；桥接型社会资本实际上是群外社会资本，存在于跨社区、跨群体、跨阶层之间的横向联系（horizontal associations）中；链接型社会资本是指与政府部门和正式制度之间的关系，存在于不同层级的群体或组织之间的纵向联系（vertical associations）中。纳拉扬等人的研究表明，缺乏代表组织、与正式制度脱节、无法发出声音，加剧了穷人的弱势境遇（迪帕·纳拉扬等，2001，2003，2004）。贫困群体要获得更好的发展机会，必须把上述三种社会资本结合起来，既要巩固强大的群体内部联系，实现高水平的内部团结；也要与异质性的外部群体发展跨网联系，与公共机构和正式制度建立联系，链接更为广泛的外部资源（迈克尔·武考克，2000）。根据社会资本的上述定义及分类，本书探讨了不同形式的社会资本的生成机制。

虽然"中国贫困农村地区可持续发展项目"强调提升农村社区自我参与、自我管理和自我发展的能力，并且在具体项目实施和管理方面采取了社区主导型发展模式，但项目采取了"中央—省—市—区县—乡镇—村"六级纵向管理模式，更加强调国家自上而下的介入和监管。通过六级纵向管理模式、社区主导型与参与式发展，"中国贫困农村地区可持续发展项目"实现了"国家自上而下的让渡与赋能+社会自下而上的回应与参与"之间的良性互动效应，促进了贫困农村社区链接型社会资本与联结型社会资本的生长（见图6-2）。

链接型社会资本的生长得益于六级纵向管理模式：一方面，上级政府部门和扶贫机构经由项目实施过程中密集的双向互动，加深了对项目村的了解和信任，便于其针对项目村制定更精准的扶贫政策、实施更有针对性的扶贫项目、投放更丰富的扶贫资源；另一方面，这种双向互动增进了项目村对政府部门和扶贫机构的信任，加强了他们的能力建设和组织建设，便于他们更好地发出自己的声音、表达自己的诉求、维护自己的权益。按照纳拉扬等的观点，这有利于增加贫困者的社会资本，改变其在公共政策中的不利地位，帮助他们获取应有的经济、政治、社会和文化权利（迪帕·纳拉扬等，2001，2003，2004）。

联结型社会资本的生长得益于社区主导型和参与式发展模式，这种发展模式促进了村民集体合作与互帮互助，改善了干群关系，增强了村民对干部和基层政府的信任，提升了村集体的凝聚力和社会团结，让贫困社区和农户更加紧密地联系在一起，为其可持续发展带来了组织化力量。

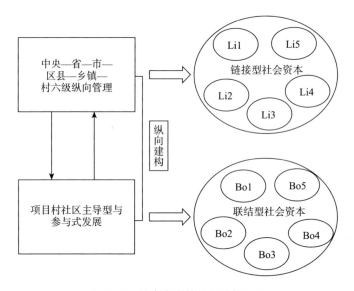

图 6 - 2 社会资本的纵向建构机制

注：①Bo1、Bo2、Bo3、Bo4、Bo5 分别表示不同项目村社区的联结型社会资本；②Li1、Li2、Li3、Li4、Li5 分别表示不同层次的链接型社会资本。

一般认为，桥接型社会资本建基于跨界别的互动协作以及广泛的社会参与，因而跨界别的水平合作以及社会组织的大规模参与，是桥接型社会资本生长的必要条件。虽然"中国贫困农村地区可持续发展项目"强调社区主导型发展和参与式扶贫，但这种参与主要限于农村社区内部，缺乏来自外部的不同社会经济背景的组织与个人的参与，加之项目主要依靠国家自上而下的纵向管理，缺乏企业、社会组织的横向参与，因而未能为桥接型社会资本的生长创造必要的条件。

中国香港"社区投资共享基金"采取了基于"政府－市场－社会"三方合作的横向管理模式，形成了政府、企业、社会组织和其他社会力量等各类伙伴关系协作治理的模式，更加强调社会自下而上的参与及合作。根据普特南的观点，跨界别的互动协作以及广泛的社会参与创造出相互交叠和相互连锁的社会联系，为发展更广泛和普遍化的社会联系提供了桥梁和纽带，为社会资本的生长提供了深厚的社会土壤（罗伯特·普特南，2001：203～204）。通过跨界别合作与广泛的社会参与，社区投资共享基金有力地促进了贫困群体社会资本发展：第一，巩固了家庭、亲属、朋友、邻里等强关系，促进了联结型社会资本的发展；第二，在社会组织、企业、社工、义工、社区居民等不同社会经济背景的组织与个人之间建立了联系，发展了跨群体、跨组织的外部联系，促进了桥接型社会资本的发展；第三，与政府部门、公共决策、正式制度建立了联系渠道，将贫困群体的声音和利益很好地传送到政府部门并影响了公共政策，促进了链接型社会资本的发展（见图6－3）。

戈德史密斯等人认为，在现代社会，公共事务治理的要诀是："除按照传统的自上而下的层级结构建立纵向的权力线以外，还必须依靠各种合作伙伴关系建立起横向的行动线。"（斯蒂芬·戈德史密斯、威廉·埃格斯，2008：前言）所谓的"纵向的权力线"是指国家自上而下的行政化介入路线，"横向的行动线"是指社会自下而上的社会化参与路线。借用戈德史密斯等人关于"纵向的权力线"与"横向的行动线"的概念，通过研究"中国贫困农村地区可持续发展项目"和中国香港"社区投资共享基金"两个案例中的社会资本生长情况，本书发现了社会资本建构的两种机制。

一是纵向建构机制，即主要依靠国家自上而下的行政化介入，这是社会资本的政治建构过程，也是政治建构论的核心观点即纵向的国家介入可

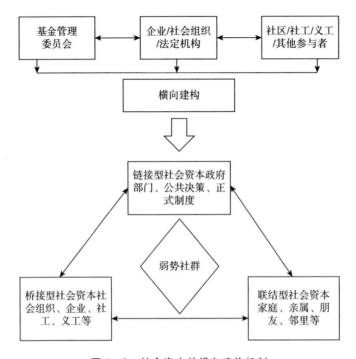

图 6-3　社会资本的横向建构机制

以创造社会资本。"中国贫困农村地区可持续发展项目"建基于"自上而下的层级结构建立纵向的权力线",为探究社会资本的纵向建构提供了案例经验。在很大程度上,"中国贫困农村地区可持续发展项目"培育社会资本的方式融合了政治建构论与社会建构论的优势:通过"中央—省—市—区县—乡镇—村"六级纵向管理模式,发挥"能促型国家"的作用,实现自上而下的让渡与赋能,为社会资本的生长提供政治基础;通过社区主导型和参与式发展,构建社会参与网络,实现自下而上的回应与参与,为社会资本的生长提供社会基础。

　　二是横向建构机制,即主要依靠社会自下而上的社会化参与,这是社会资本的社会建构过程,也是社会建构论的主要观点,即横向的社会参与是社会资本生长的基础。"社区投资共享基金"建基于"依靠各种合作伙伴关系建立起横向的行动线",为探讨社会资本的横向建构提供了案例经验。在很大程度上,"社区投资共享基金"培育社会资本采取的是社会建构论的路径，即主要依靠横向的跨界别协作与社会参与，来发展广泛和普遍化的社会联系，建构跨社区、跨群体、跨界层社会网络。

如何建构社会资本？对此政治建构论、社会建构论和文化建构论给出了截然不同的解释。它们看似针锋相对，但都是在国家与社会的对立关系中解析社会资本建构命题，似乎把社会资本生成问题化约为社会资本"姓国姓社"的问题：政治建构论认为社会资本"姓国"，国家机器可以建构社会资本并起到积极作用；社会建构论与文化建构论坚称社会资本"姓社"，只有公民结社及其与之有亲和关系的历史文化能够催生社会资本，国家机器在这方面的作用有限甚至有时还有害。

然而，国家与社会互动论认为，国家与社会并非相互对立的独立实体，而是相互嵌入、呈现一种动态的互动关系。例如，米格代尔等人提出"国家在社会中"的观点，认为国家与社会可以相互赋权，实现双赢的发展（Joel S. Migdal，Atul Kohli and Vivienne Shue，1994；乔尔·S. 米格代尔，2012，2013）；埃文斯提出"国家与社会协作"的观点，认为国家与社会可以相互合作，建立建设性的伙伴关系（Peter Evans，1995）；吉尔伯特等人提出"能促型国家"（the enabling state）的概念，认为国家在促进社会自治方面可以扮演积极角色（Neil Gilbert and Barbara Gilbert，1989；Neil Gilbert，2002）。按照国家与社会互动论的范式，国家与社会对于社会资本的发展具有各自的比较优势：政府有助于提高社会凝聚力，社会有助于提高社会自治力，在特定情况下，二者都有助于社会资本的发展（戴维·奥斯本、特德·盖布勒，1996：329～331；The United Nations Educational, Scientific and Cultural Organization，2002）。

本研究表明了社会资本政治与社会建构的双重机制。普特南等人认为，当社会存在深厚的公民结社传统时，就容易滋生社会资本，然而，对于缺乏结社传统与公民组织的社会如何建构社会资本这一问题，他们却语焉不详。与社会建构论否定国家在社会资本生成中的作用不同，本书认为，积极有为的国家介入行动可以促进社会资本的发展，经由国家自上而下的让渡与赋能、社会自下而上的回应与参与之间的良性互动，适当的政治建设可以创造社会资本尤其是链接型社会资本。特别需要强调的是，尽管建构社会资本的机制相异，但无论是"中国贫困农村地区可持续发展项目"还是"社区投资共享基金"都表明，跨界别协作与社会参与仍是促进社会资本生长最有效的模式。离开了社区主导型和参与式发展，缺乏不同层级的协作及村民广泛的社会参与，很难想象单靠"中央—省—市—区县—乡镇—村"六级纵向管理模式就能够有效创造社会资本。

正如福克斯所言，国家干预可以创造社会资本，关键在于分析何种国家行为有助于社会资本建设，而不是国家行为是否有助于社会资本建设，"否则就很难解释为什么一些国家行动者是构建社会资本的合作伙伴，而另一些则成为形成社会资本的敌对力量"（Jonathan Fox，1996：120）。福克斯认为，外在援助、纵向扩展、良性的垂直网络有助于构建社会资本，他还识别了三种类型的有助于培育社会资本的垂直关系：政府中的改革派系、地区或全国性社会组织、国际机构，如果三者能够良性互动就能更好地促进社会资本的发展。回到本书的一个重要问题——社会资本能够进行投资吗？本书的研究结论表明，社会资本能够借助国家的力量进行投资，但是并非所有国家介入行为都能够建构社会资本，只有那些发挥能促作用（enabling）、具有让渡与赋能性质的国家介入才可以促进社会资本的生长。毋庸置疑，好的政策可以促进社会资本的生长，反之社会资本又能增进政策实施的绩效，因此如何投资社会资本应该成为公共政策的议题。

四　社会资本的缓贫效应

社会资本是指一个社区或群体所共享的社会关系网络，包括信任、互助和网络等要素，能够为群体成员提供社会支持，促进集体合作、提高社会效率（罗伯特·普特南，2001：195）。国外许多研究表明，社会资本对于缓解贫困问题具有重要作用。武考克通过对世界许多国家和地区的考察发现，一个地区如果拥有较多的社会资本，即内部有较紧密的社会网络以及居民之间具有较高程度的信任、互助和合作，那么它更容易克服贫困问题（Michael Woolcock，1998，2001）。格鲁特尔特（C. Grootaert）等通过定量研究发现，控制其他变量后，社会资本对于家庭福利具有正面的影响，它能显著改善家庭福利，高社会资本家庭拥有更多的物质资产、家庭储蓄和获取贷款的机会：具体而言，社会资本越丰富，越有利于积累物质资产，家庭应对收入波动风险的能力越强（Christian Grootaert，1999，2001）。纳拉扬等人通过在非洲坦桑尼亚等地的实地研究发现，家庭的社会资本存量对其家庭的福利有显著影响（Narayan，D. and Pritchett，L.，1997）。莫里斯（Matthew Morris）在印度的研究表明，社会资本是地区缓贫的关键变量，如果一个地区的社会资本越丰富，公共机构越发达，成员之间的互惠合作越多，那么缓贫的效率和效果就越好（Matthew Morris，1998）。艾沙姆等人的研究发现，社会资本有助于增进农民的集体合作，增加农产品产出，促进新技术的应用，提升农民资产总值（艾沙姆、卡科内，2004）。

国内也有研究验证了社会资本的缓贫作用。有论者指出，关系贫困是导致贫困的重要原因，巩固贫困者的社会支持网络，增加其社会资本存量，有助于增强他们的自我发展能力，缓解贫困问题（郑志龙，2007）。有研究发现，贫困居民拥有的社会资本对缓解家庭贫困问题具有显著的影响，不仅有助于改善家庭的生活机遇，而且可以提高家庭的社会经济地位（梁柠欣，2009，2012）。也有学者指出，由于社会支持网匮乏、社会信任欠缺、组织化程度不高、自我封闭和边缘化是导致贫困的重要原因，因此拓展贫困人口的社会支持网络、增加其社会资本是帮助他们摆脱贫困陷阱的重要方法（王朝明等，2009；王朝明，2013）。

综上所述，社会资本在扶贫开发中的重要作用得到国内外学术界的广泛认同，大量研究证实了社会资本是扶贫开发的重要变量。但是，对于社会资本的缓贫效应及其因果机制，已有研究尚存在一定的盲点问题。例如，很多研究证明了社会资本越丰富越有利于减少贫困，但并未充分揭示社会资本对于缓解贫困问题的因果机制，即充分解释社会资本为什么能缓解贫困以及如何缓解贫困。一些研究从数据上说明了社会资本与贫困家庭资产存在统计相关性，但缺乏对这种统计相关性背后因果机制的说明。如格鲁特尔特等人通过定量统计分析发现了社会资本对家庭福利尤其是穷人的家庭福利具有显著的正向影响，但他们没有充分解释这种统计相关性背后的因果机制，仅仅把社会资本的缓贫效应泛泛地归因于增进信息共享、减少机会主义行为、促进集体合作三个方面（Christian Grootaert，2001）。有些研究从一些国家和地区的个案经验论证了社会资本的缓贫作用，但对于社会资本缓贫机制的解释依然存在一定的盲点问题。如贝比顿（Anhony Bebbington）等人在研究拉美国家贫困问题时发现社会资本在当地农民的谋生过程中发挥了重要作用，但他们并未有效解释社会资本的缓贫机制，仅简单地把社会资本的作用归结于促进当地农民的互惠合作与集体行动（C. 格鲁特尔特、T. 范·贝斯特纳尔，2004：314～366）。

与物质资本和人力资本相比，社会资本在扶贫开发中有何独特的作用？社会资本缓解贫困的效应及其影响机制是什么？对于这些问题，还需要更多研究进行探索和解答。"中国贫困农村地区可持续发展项目"和中国香港"社区投资共享基金"运用了社会资本和参与式扶贫的理念和方法，在社会资本建设和扶贫开发方面取得了显著成效，为研究社会资本的生成机制与缓贫效应提供了典型案例。本书以"中国贫困农村地区可持续发展项目"和中国香港"社区投资共享基金"为典型案例，考察外部社会资源介入对提升当地贫困社区社会资本的作用，探究社会资本的生成机制及其缓贫效应。研究发现，作为一种存在于人际关系结构中的社会资源，社会资本具有重要的缓贫效应，具有物质资本和人力资本扶贫难以具备的优势：从缓解贫困的方式看，社会资本能够为贫困群体提供广泛的社会支持，这种支持不仅包括基本生活、就业等经济支持，也包括社会交往、人际关系等社会支持；从缓解贫困的机制看，社会资本能够促进贫困群体的社会整合和社会参与，缓解他们在经济、政治、社会和文化等领域所遭受的社会排斥，促进他们更好地融入主流社会。

社会资本为什么能够促进贫困人口的社会融入？要回答这个问题，有必要先探讨社会排斥的机制。对于社会排斥如何产生的问题，"疏离－参与"、"断裂－整合"、"边缘－中心"提供了富有启发性的视角：边缘、疏离、断裂是导致社会排斥的三种机制。要实现贫困者的社会融入，除了要提升其经济收入和人力资本之外，还应该从深层次解决其面临的边缘化、疏离化、断裂化问题。社会资本能够缓解贫困者所遭受的边缘化、疏离化、断裂化的问题，帮助他们更好地参与和融入经济、政治、社会与文化生活，从而有助于实现从疏离到参与、从断裂到整合、从边缘到中心的转变。

实际上，无论是边缘化、疏离化还是断裂化，都是社会孤立（social isolation）的不同面向。威尔逊的社会孤立理论认为，贫困者长期陷入贫困是因为他们"缺乏与代表主流社会的个人和制度的联系或持续互动……不仅意味着不同阶级和种族背景的群体之间的联系要么缺乏，要么间断"，这种社会孤立限制了他们的生活机会，包括"获得工作的渠道，能否进入职业网络，婚配对象的选择范围，能否进入优秀的学校，以及是否接触到主流的角色榜样"（威廉·朱利叶斯·威尔逊，2007：85）。按照威尔逊的观点，贫困其实就是社会孤立，被排斥在特定的社会网络与正式制度之外，正是因为这种孤立，美国的内城区才形成了一个底层阶层。威尔逊的社会孤立理论为解释社会资本何以促进社会融入提供了理论洞见。如果说社会孤立意味着与"缺乏与代表主流社会的个人和制度的联系或持续互动"，那么，以网络、信任和互助等为形式的社会资本不仅为贫困者提供了强大的群内社会支持网，而且将其与蕴含丰富社会资源的外部社会支持网链接起来，发展了跨群体、跨阶层的社会联系，强化了他们"与代表主流社会的个人和制度的联系或持续互动"，缓解了其所遭受的社会孤立问题。社会资本不仅整合了社区内部资源，强化了社区支持网络，而且为贫困者与外部社会资源提供了"桥接"（bridging），把他们与更广阔的个人、市场与公共机构联系起来，因而有助于减少社会排斥，促进社会融入。

纳拉扬和武考克提出了"联结困境"（bonding trap）的概念，认为贫困社区单靠联结型社会资本往往不足以帮助贫困者脱困，因为孤立社区的资源极度有限，无法形成内生动力，甚至会造成普遍贫困，此时需要引入外部资源来激活其内生资源（Luca Andriani and Dimitrios Karyampas，2010）。"中国贫困农村地区可持续发展项目"发展了基于不同层级的群体或组织之间纵向联系的链接型社会资本，帮助贫困农村社区克服"联结困境"。中国香港"社区投资共享基金"发展了基于跨社区、跨群体、跨阶层横向联系的桥接型社会资本，帮助弱势社群摆脱"联结困境"。两个案例都为社会资本扶贫开发提供了富有启发性的经验，二者的案例经验表明，社会资本缓贫效应的最大化发挥，有赖于将联结型、桥接型、链接型三种社会资本结合起来，不仅巩固强大的社群内部联系、实现高水平的内部团结，还与异质性的外部社群发展跨网联系，与国家机构和正式制度建立联系，链接更为广泛的外部资源，为弱势群体带来更多社会资源和发展机会（迈克尔·武考克，2000；世界银行，2001：127~131）。因此，如何实现联结型、桥接型、链接型三种社会资本的有机结合，从内部激活贫困社区的发展动力，从外部改善贫困者的发展环境，是创新社会资本扶贫开发需要优先考虑的问题。

五 社会资本扶贫开发的政策模式

虽然国内外学术界广泛认同社会资本在经济增长与社会发展中的重要作用，但对于如何投资社会资本却语焉不详（Roslan Abdul-Hakim et al.，2010），尤其是很少有人就投资社会资本提出明确有效、操作性强的政策工具。可以毫不夸张地说，缺乏投资社会资本的政策工具，一直是社会资本理论研究最薄弱的环节之一，也是阻碍社会资本大规模应用于社会政策的最大难点之一。

尽管社会资本的理论研究如火如荼，政策应用方兴未艾，但平心而论，国内外专门以社会资本为主题并且取得成熟政策经验的社会政策依然是乏善可陈。中国香港"社区投资共享基金"在近 20 年的发展历程中系统构建了社会资本导向型扶贫开发的政策模式及工具，成功地将抽象的社会资本概念应用于社会政策实践并且取得了成熟的经验和显著的成效。从这个意义上来说，中国香港"社区投资共享基金"在推广和应用社会资本方面做出了富有重要意义的探索，为创新社会资本政策工具、推广社会资本导向型扶贫模式提供了典范。

社区投资共享基金的经验说明，社会资本在扶贫开发中具有广阔的应用前景。

第一，社会资本是扶贫开发的重要政策工具。"社区投资共享基金"促进了跨阶层、跨群体、跨界别社会资本的生成与发展，提升了弱势群体参与经济、融入社会的能力。内地可以借鉴香港经验，推行社区本位的社会资本发展计划，帮助弱势群体和边缘社区培育和发展社会资本尤其是桥接型社会资本和链接型社会资本，为其创造更多的社会资源和发展机会。

第二，官商民三方合作是投资社会资本的必由之路。政府扶贫具有诸多优势，但也存在明显不足，如果政府过度主导扶贫资源的分配和使用，既当"裁判员"又当"运动员"，容易造成资源使用效率不高、腐败和浪费、政策创新动力不足的问题。"社区投资共享基金"采取了官商民三方合作模式：政府主要负责政策规划、资金支持和服务监管，不直接参与基金管理和项目实施，而是委托社会组织、民间团体和企业机构负责具体项目实施与社会服务供给。内地可以借鉴香港经验，完善官商民三方合作机制，推动政府扶贫、市场扶贫与社会扶贫有机结合，更好地发挥企业和社会组织在扶贫开发中的作用。

第三，社会参与是培育社会资本的关键路径。"社区投资共享基金"在项目申请、策划、实施、推广等各个环节，将政府部门、社会组织、企业、义工、社工等跨界别资源汇聚为组织化的社会服务力量，基金平均每个项目建立互助网络 6 个，参与伙伴机构达到 27 个，参与人数超过 2100

人。内地可以借鉴香港经验，创新社会参与机制，在法律、税收、资金等方面为企业和社会组织参与扶贫开发创造更好的制度环境，更好地调动社会组织、企业、社工、义工、热心人士等民间力量参与扶贫开发的内生动力，充分发挥国家救助、社会互助与个人自助的协同作用。

"社区投资共享基金"的运作模式很好地体现了社会资本扶贫开发的政策模式，这集中体现在政策路径、政策导向和政策目标三个方面。

第一，从政策路径看，通过官商民三方合作来构建不同层面的公私伙伴关系，发展跨群体、跨阶层、跨界别的社会联系，推动社会资本开发和社区可持续发展。基金由政府出资设立，委托由各界代表构成的委员会负责管理，采取项目制的形式资助企业、社会组织和其他机构共同实施社会服务项目，汇聚政府、市场、社会三方资源，共同帮扶弱势群体。

第二，从政策导向看，致力于培育和发展社区本位的社会资本——个人、家庭、邻里和社区层面的社会资本，不遗余力地在全社会应用推广社会资本的概念。基金委员会建立了包括社会资本发展计划、推广及教育活动、社会资本挚友网络、社会资本动力奖在内的一整套投资社会资本的"政策工具箱"。

第三，从政策目标看，把社会资本建设当作一种社会投资，加强和巩固家庭、邻里、社区社会支持网，提升受助人及其所在社区的可持续发展能力，促进弱势群体的社会融入。基金重点资助面向老人、儿童、青少年、残疾人、单亲人士、失业和低收入人员、妇女、少数族裔等弱势群体的服务项目，以及面向贫困人口集中地区、自我发展能力较弱社区的服务项目，为弱势群体提供各种支持性和发展性服务，帮助他们提高参与经济、融入社会的能力。

如何将社会资本的理论与方法应用于社会政策实践？中国香港"社区投资共享基金"的经验表明，明确政策目标、创新政策工具、发挥政策价值，是创新社会资本扶贫开发政策模式、推广社会资本导向型扶贫开发的关键。

第一，社会资本应用推广的前提是要明确政策目标。

概念不明、目标不清极大地影响了社会资本的应用推广。物质资本和人力资本的概念比较明确，对此提出可操作性的政策目标难度不大。但是，社会资本的概念和测量见仁见智，正如福山所言，"社会资本概念最大的弱点之一，就是对于如何测量社会资本缺乏共识"（弗朗西斯·福山，2003），在这种情况下要提出可操作性的政策目标极为困难。明确政策目标是政策取得成功的前提条件。

"社区投资共享基金"借鉴世界银行等国际组织的研究，把政策目标界定为培育和发展社会网络、信任和团结、互助和互惠、社会凝聚和包容、社会参与、信息和沟通六个方面社会资本，在政策实践中紧紧围绕六个目标来策划和实施各种社会服务项目和社会资本发展计划。一方面，在政府政策层面推广社会资本的概念，广泛搭建扶贫开发的跨界别合作和参与平台，促进政府、市场与社会资源的整合与对接，培育和发展家庭、社区、邻里、社会等不同层面的社会资本；另一方面，在社会公众层面推广社会资本的概念，通过大众传媒、社会教育、社区推广等各种方式，推介和普及网络、信任、互助等形式的社会资本。

第二，社会资本应用推广的关键是创新政策工具。

缺乏政策工具是阻碍社会资本应用推广的一个难题。不同于物质资本、人力资本政策应用具有成熟的经验，社会资本政策应用在很大程度上依然是一块亟待开发的广阔处女地。如何创新政策工具，培育社会资本？对此普特南认为，社会组织以及横向的跨界别合作，"创造出相互交叠和相互连锁的社会联系"，为发展更广泛和普遍化的社会联系提供了桥梁和纽带（罗伯特·普特南，2001：203~204）。

"社区投资共享基金"以构建公私伙伴关系为政策路径，把横向的官商民三方合作和公私伙伴关系融入项目管理、策划、申报、实施、反馈、推广等全过程中，创造性地提出了包括社会资本发展计划、社会资本挚友网络、社会资本动力奖等在内的一系列具有香港特色的政策工具，发展了各种相互交叠的跨群体、跨阶层、跨界别的社会联系，为社会资本的发展、应用、推广提供了深厚基础和不竭动力。

第三，社会资本应用推广的根本是发挥政策价值。

社会资本在理论研究领域"大红大紫"俨然集理论界"千宠万爱"于一身，与之形成鲜明对比的是，社会资本在政策应用领域始终处于不冷不热、不温不火的境地。阻碍社会资本政策应用的一大"拦路虎"是其政策价值仍未充分发挥出来。笔者认为，就扶贫开发的政策价值而言，物质资本、人力资本的比较优势分别在于生计保障和人力开发，社会资本的比较优势在于缓解社会排斥、促进社会融入。可以说，促进弱势群体的社会融入是社会资本最重要的政策价值之一。通过巩固和加强家庭、邻里、社区等各种社会支持网络，丰富弱势群体的社会资本，将其与更广阔的市场、社会与公共机构联系起来，能够极大地提升他们参与经济、融入社会的能力。

"社区投资共享基金"以社会融入为政策目标，资助实施包括儿童及家庭福利、建构社区能力、青少年发展、长者支援及充能、跨代共融、社会共融、健康关顾在内的七大类别社会服务项目，通过投资社会资本和提升可持续发展能力，帮助弱势群体和需要帮扶的其他社会群体更好地参与经济活动、融入主流社会，从而很好地发挥了社会资本的政策价值。

如前所述，社会资本在扶贫开发中的政策应用一直面临重重困难，虽然不少理论研究验证了社会资本在扶贫开发中的重要作用，但是以社会资本为主题或系统应用社会资本概念的扶贫政策却乏善可陈。本书基于"中国贫困农村地区可持续发展项目"和中国香港"社区投资共享基金"的案例研究，从理论、政策、实践三个层面系统探讨社会资本导向型扶贫模式及其政策应用，尝试解答社会资本扶贫开发存在的理论依据不清、因果机制不明、政策工具不足的问题。

社会资本扶贫的理论依据何在？本书认为，物质资本、人力资本、社会资本三种导向的扶贫模式分别重点针对经济贫困、能力贫困和社会排斥，采取不同的扶贫方式和政策手段，具有各自比较优势和适用范围。贫困的多维性决定了扶贫的多维性，要从根本上解决贫困问题，应该基于多维扶贫视角，综合运用三种扶贫模式的理论及其政策工具，打好政策组合拳，实现从个体性扶贫到结构性扶贫、从孤立式扶贫到合作式扶贫、从外援性扶贫到内生性扶贫的深刻转变。

社会资本缓贫的因果机制如何？本书表明，作为一种存在于社会关系结构中的社会资源，社会资本在扶贫开发方面具有物质资本和人力资本所难以比拟的优势。社会资本扶贫更加关注结构层面的社会融合，更加关注贫困人口所面临的社会排斥问题，更加注重通过结构性改革解决贫困社区内部资源整合度低与外部资源链接不足的问题。社会资本扶贫的巨大效力在于，以联结型、桥接型、链接型为主要形式的社会资本能有效缓解贫困者在社会关系和社会结构中遭遇的疏离化、断裂化、边缘化问题，为他们重新参与经济、融入社会提供了广阔的空间。

如何投资社会资本进行扶贫开发？本书表明，社会资本能够借助国家的力量进行投资，但是并非所有国家介入行为都能够培育社会资本，只有那些发挥能促作用（enabling）、具有让渡与赋能性质的国家介入才可以促进社会资本的生长，这方面，社区主导型扶贫、参与式扶贫、合作式扶贫都是行之有效的国际经验。其中，社区主导型发展能够构建联系紧密的社区共同体，建设联结型社会资本；参与式发展能够发展跨网络异质性社会联系，构建桥接型社会资本；合作型发展能够加强政府、市场与第三部门之间的联系，投资链接型社会资本。

参考文献

中文文献

爱德华·格拉泽，2003，《社会资本的投资及其收益》，罗建辉译，《经济社会体制比较》第 2 期。

埃莉诺·奥斯特罗姆，2003，《流行的狂热抑或基本概念》，龙虎编译，《经济社会体制比较》第 2 期。

埃米尔·迪尔凯姆，2018，《自杀论》，冯韵文译，北京：商务印书馆。

A. 克瑞奇纳、N. 厄普霍夫，2004，《通过评估保证和发展印度拉贾斯坦邦河流流域的集体行动来量度社会资本》，载 C. 格鲁特尔特、T. 范·贝斯特纳尔主编《社会资本在发展中的作用》，黄载曦等译，成都：西南财经大学出版社。

安德鲁·韦伯斯特，1987，《发展社会学》，陈一筠译，北京：华夏出版社。

安东尼·吉登斯，2000，《第三条道路——社会民主主义的复兴》，郑戈译，北京：北京大学出版社。

阿马蒂亚·森，2001，《贫困与饥荒》，王宇、王文玉译，北京：商务印书馆。

阿马蒂亚·森，2002，《以自由看待发展》，任赜、于真译，北京：中国人民大学出版社。

艾沙姆、卡科内，2004，《参与行动和社会资本是如何影响以社区为基础的水供应工程的》，载 C. 格鲁特尔特、T. 范·贝斯特纳尔主编《社会资本在发展中的作用》，黄载曦等译，成都：西南财经大学出版社。

安东尼·哈尔、詹姆斯·梅志里，2006，《发展型社会政策》，罗敏译，北京：社会科学文献出版社。

宝鸡市陈仓区，2015，《世界银行贷款中国贫困农村地区可持续发展项目总结评价报告》（内部资料）。

保罗·F. 怀特利，2000，《社会资本的起源》，载李惠斌、杨雪冬主编《社会资本与社会发展》，北京：社会科学文献出版社。

Blanca Moreno-Dodson，2006，《全球规模的减贫行动：来自上海全球扶贫大会的启示》，北京：中国财政经济出版社。

边燕杰，2004，《城市居民社会资本的来源及作用：网络观点与调查发现》，《中国社会科学》第 3 期。

C. 格鲁特尔特、T. 范·贝斯特纳尔，2004，《社会资本在发展中的作用》，黄载曦等译，成都：西南财经大学出版社。

陈思堂，2012，《参与式发展与扶贫——云南永胜县的实践》，北京：商务印书馆。

重庆市扶贫开发办公室，2015，《重庆市世界银行贷款中国贫困农村可持续发展项目竣工报告》。

C. 赖特·米尔斯，2005，《社会学的想象力》，陈强、张永强译，北京：生活·读书·新知三联书店。

陈锦棠等，2008，《香港社会服务评估与审核》，北京：北京大学出版社。

陈瑞莲、汪永成，2009，《香港特区公共管理模式研究》，北京：中国社会科学出版社。

楚永生，2008，《参与式扶贫开发模式的运行机制及绩效分析——以甘肃省麻安村为例》，《中国行政管理》第 11 期。

戴维·奥斯本、特德·盖布勒，1996，《改革政府：企业精神如何改革着公营部门》，上海市政协编译组、东方编译所编译，上海：上海译文出版社。

达霖·格里姆赛、莫文·K. 刘易斯，2016，《PPP 革命——公共服务中的政府和社会资本合作》，济邦咨询公司译，北京：中国人民大学出版社。

丁开杰，2009，《西方社会排斥理论：四个基本问题》，《国外理论动态》

第 10 期。

迪帕·纳拉扬等，2001，《谁倾听我们的声音》，付岩梅译，北京：中国人民大学出版社。

迪帕·纳拉扬等，2003，《呼唤变革》，姚莉译，北京：中国人民大学出版社。

迪帕·纳拉扬等，2004，《在广袤的土地上》，崔惠玲译，北京：中国人民大学出版社。

E. S. 萨瓦斯，2002，《民营化与公私部门的伙伴关系》，周志忍译，北京：中国人民大学出版社。

风笑天，2001，《社会学研究方法》，北京：中国人民大学出版社。

弗朗西斯·福山，2001，《信任：社会美德与创造经济繁荣》，彭志华译，海口：海南出版社。

弗朗西斯·福山，2003，《社会资本、公民社会与发展》，曹义炟编译，《马克思主义与现实》第 2 期。

高鉴国、展敏，2005，《资产建设与社会发展》，北京：社会科学文献出版社。

哥斯塔·埃斯平 - 安德森，2010，《福利资本主义的三个世界》，苗正民、滕玉英译，北京：商务印书馆。

国务院扶贫办外资项目管理中心，2008，《世界银行贷款中国贫困农村地区可持续发展项目：社区基础设施和公共服务分项目实施手册》（内部资料）。

顾昕，2004，《公民社会发展的法团主义之道——能促型国家与国家和社会的相互赋权》，《浙江学刊》第 6 期。

顾昕，2011，《贫困度量的国际探索与中国贫困线的确定》，《天津社会科学》第 1 期。

顾昕、王旭，2005，《从国家主义到法团主义——中国市场转型过程中国家与专业团体关系的演变》，《社会学研究》第 2 期。

古学斌、张和清、杨锡聪，2004，《地方国家、经济干预和农村贫困：一个中国西南村落的个案分析》，《社会学研究》第 2 期。

关信平，1999，《中国城市贫困问题研究》，长沙：湖南人民出版社。

国家统计局农村社会经济调查总队，1989，《中国农村贫困标准的调查研究》（课题报告）。

国家统计局"中国城镇居民贫困问题研究"课题组，1991，《中国城镇居民贫困问题研究》，《统计研究》第 6 期。

河南省扶贫开发办公室，2015，《河南省世界银行贷款中国贫困农村地区可持续发展项目竣工报告》。

洪大用、康晓光，2001，《NPO 扶贫行为研究调查报告》，北京：中国经济出版社。

华中师范大学、中国国际扶贫中心，2014，《中国反贫困发展报告（2014）——社会扶贫专题》，武汉：华中科技大学出版社。

I. P. 盖托碧、卡利德·山姆斯，1996，《有效地摆脱贫困》，陈胜华、杜晓山、周慧媛译，北京：经济管理出版社。

贾康、孙洁，2009，《公私伙伴关系（PPP）的概念、起源、特征与功能》，《财政研究》第 10 期。

江亮演，1990，《社会救助的理论与实务》，台北：桂冠图书出版公司。

卡拉·M. 伊斯特斯，2000，《组织的多样性与社会资本的产生》，载李惠斌、杨雪冬主编《社会资本与社会发展》，北京：社会科学文献出版社。

康晓光，1995，《中国贫困与反贫困理论》，南宁：广西人民出版社。

肯尼思·纽顿，2000，《社会资本与现代欧洲民主》，载李惠斌、杨雪冬主编《社会资本与社会发展》，北京：社会科学文献出版社。

莱斯特·萨拉蒙，2002，《全球公民社会—非营利部门视角》，贾西津、魏玉译，北京：社会科学文献出版社。

李丹，2006，《NPO、反全球化运动与全球治理》，《东南学术》第 1 期。

刘胜安、韩伟，2009，《中国社区发展基金理论与实践》，北京：光明日报出版社。

黎熙元等，2006，《社区建设——理念、实践与模式比较》，北京：商务印书馆。

黎熙元、陈福平，2007，《公共福利制度与社会网的功能互补——包容性社会政策的基础》，《中山大学学报》（社会科学版）第 6 期。

李小云，2001，《参与式发展概论》，北京：中国农业出版社。

李小云，2005，《普通发展学》，北京：社会科学文献出版社。

李兴江、陈怀叶，2008，《参与式扶贫模式的运行机制及绩效评价》，《开发研究》第 2 期。

李彦昌，2004，《城市贫困与社会救助研究》，北京：北京大学出版社。

梁柠欣，2009，《社区经济结构与个体的社会资本：以广州和兰州贫困居民为例》，《开放时代》第 6 期。

梁柠欣，2012，《社区发展与贫困群体生活机遇重构》，北京：中央编译出版社。

梁祖彬，2004，《演变中的社会福利政策思维：由再分配到社会投资》，《中国社会科学》第 6 期。

梁祖彬，2007，《香港的社会政策：社会保护与就业促进的平衡》，《二十一世纪》6 月号。

林闽刚，1994，《中国农村贫困标准的调适研究》，《中国农村经济》第 2 期。

林南，2003，《社会网络与地位获得》，《马克思主义与现实》第 2 期。

林南，2005，《社会资本——关于社会结构与行动的理论》，上海：世纪出版集团、上海人民出版社。

李培林、魏后凯，2016，《中国扶贫开发报告 2016》，北京：社会科学文献出版社。

刘春荣，2007，《国家介入与邻里社会资本的生成》，《社会学研究》第 2 期。

刘林平，2006，《企业的社会资本：概念反思与测量途径——兼评边燕杰、丘海雄的"企业的社会资本及其功效"》，《社会学研究》第 2 期。

刘敏，2009，《贫困治理范式的转变——兼论其政策意义》，《甘肃社会科学》第 5 期。

刘敏，2012，《社会资本的建构：国家与社会互动的视角》，《理论与改革》第 2 期。

刘敏，2013，《社会资本与多元化贫困治理——来自逢街的研究》，北京：社会科学文献出版社。

刘敏，2015，《适度普惠型社会福利制度——中国福利现代化的探索》，北京：中国社会科学出版社。

刘敏，2018，《社会资本导向型扶贫开发：以香港社区投资共享基金为例》，《兰州学刊》第 9 期。

刘敏，2019，《丰裕社会的贫困及其治理：香港的经验与启示》，北京：社会科学文献出版社。

刘爽，2001，《试论消除能力贫困与西部大开发》，《中国人口科学》第 5 期。

陆汉文，2008，《社区主导型发展与合作型反贫困——世界银行在华 CDD 试点项目的调查与思考》，《江汉论坛》第 9 期。

罗伯特·普特南，2000，《繁荣的社群——社会资本与公共生活》，杨蓉编译，载李惠斌、杨雪冬主编《社会资本与社会发展》，北京：社会科学文献出版社。

罗伯特·普特南，2001，《使民主运转起来》，王列、赖海榕译，南昌：江西人民出版社。

罗伯特·K. 殷，2004，《案例研究：设计与方法》，周海涛、李永贤、张蘅译，重庆：重庆大学出版社。

罗家德，2005，《社会网分析讲义》，北京：社会科学文献出版社。

洛阳市嵩县，2016，《嵩县世行第五期扶贫项目验收报告》（内部资料）。

马丁·瑞沃林，2005，《贫困的比较》，赵俊超译，北京：北京大学出版社。

麦克·布洛维，2007，《公共社会学》，沈原等译，北京：社会科学文献出版社。

迈克尔·武考克，2000，《社会资本与经济发展：一种理论综合与政策架构》，载李惠斌、杨雪冬主编《社会资本与社会发展》，北京：社会科学文献出版社。

迈克尔·谢若登，2005，《资产与穷人——一项新的美国福利政策》，高鉴国译，北京：商务印书馆。

孟春，2000，《中国财政扶贫研究》，北京：经济科学出版社。

Neil Gilbert、Paul Terrell，2003，《社会福利政策导论》，沈黎译，上海：华东理工大学出版社。

诺曼·厄普霍夫，2005，《理解社会资本：学习参与分析及参与经验》，张慧东译，载帕萨·达斯古普特、伊斯梅尔·撒拉格尔丁主编《社会资本：一个多角度的观点》，北京：中国人民大学出版社。

帕萨·达斯古普特、伊斯梅尔·撒拉格尔丁，2005，《社会资本：一个多角度的观点》，张慧东译，北京：中国人民大学出版社。

裴怀玉，2002，《贫困论》，北京：民族出版社。

彭华民，2005，《社会排斥与社会融合——一个欧盟社会政策的分析路径》，《南开学报》（哲学社会科学版）第1期。

彭华民，2007，《福利三角中的社会排斥——对中国城市新贫穷社群的一个实证研究》，上海：上海人民出版社。

钱志鸿、黄大志，2004，《城市贫困、社会排斥和社会极化——当代西方城市贫困研究综述》，《国外社会科学》第1期。

乔尔·S. 米格代尔，2012，《强社会与弱国家：第三世界的国家社会关系及国家能力》，张长东、朱海雷、隋春波、陈玲译，南京：江苏人民出版社。

乔尔·S. 米格代尔，2013，《社会中的国家：国家与社会如何相互改变与相互构成》，李杨、郭一聪译，南京：凤凰出版传媒股份有限公司、江苏人民出版社。

全哲洙，2014，《光彩事业 20 年历程的回顾和未来发展的努力方向》，《中国统一战线》第 8 期。

让·德雷兹、阿玛蒂亚·森，2006，《饥饿与公共行为》，苏雷译，北京：社会科学文献出版社。

任中平，2008，《社区主导型发展与农村基层民主建设———四川嘉陵区 CDD 项目实施情况的调查与思考》，《政治学研究》第 6 期。

荣尊堂，2006，《参与式发展———一个建设社会主义新农村的典型方法》，北京：人民出版社。

陕西省外资扶贫项目管理中心，2015，《陕西省世界银行贷款中国贫困农村地区可持续发展项目竣工报告》（内部资料）。

社区投资共享基金，2007，《社会资本：持续与发展》，研讨会 PPT。

社区投资共享基金，2012，《"拾.连"人情味———建立社会资本十年印记》。

社区投资共享基金，2017a，《计划成效及表现管理——计划成效小统计》。

社区投资共享基金，2017b，《基金里程碑及发展》。

社区投资共享基金，2017c，《307 个社区投资共享基金资助的计划的主要类别及服务对象》。

社区投资共享基金，2017d，《跟进资助期届满后计划的持续发展》。

社区投资共享基金，2018a，《目标及资助范围》。

社区投资共享基金，2018b，《社区投资共享基金申请指南（2018 年版）》。

社区投资共享基金，2018c，《联校研究及评估》。

社区投资共享基金，2018d，《基金成效及表现管理（截至 2018 年 12 月 31 日）》。

社区投资共享基金联校研究及评估报告，2006，《主要研究结果、成功关键因素和建议摘要》（内部文稿）。

沈红，2002，《穷人主体建构与社区性制度创新》，《社会学研究》第 1 期。

沈小波、林擎国，2005，《贫困范式的演变及其理论和政策意义》，《经济学家》第 6 期。

世界银行，1991，《1990 年世界发展报告：贫困问题》，北京：中国财政经济出版社。

世界银行，2001，《2000/2001 年世界发展报告：与贫困作斗争》，北京：中国财政经济出版社。

世界银行，2013，《社区主导型发展：部门成果》。

世界银行编写组，2003，《全球化、增长与贫困》，北京：中国财政经济出版社。

斯蒂芬·戈德史密斯、威廉·埃格斯，2008，《网络化治理：公共部门的新形态》，孙迎春译，北京：北京大学出版社。

唐钧，1998，《中国城市居民贫困线研究》，上海：上海社会科学院出版社。

T. W. 舒尔茨，1992，《论人力资本投资》，吴珠华等译，北京：北京经济学院出版社。

田凯，2004，《中国的非营利部门与城市反贫困治理》，《学术探索》第 3 期。

托马斯·福特·布朗，2002，《社会资本理论综述》，木子西编译，《马克思主义与现实》第 2 期。

王朝明，2013，《社会资本视角下政府反贫困政策绩效管理研究：基于典型社区与村庄的调查数据》，北京：经济科学出版社。

王朝明等，2009，《社会资本与城市贫困问题研究——一个理论框架及四川城市社区经验证据的检验》，成都：西南财经大学出版社。

王国良，2005，《中国扶贫政策——趋势与挑战》，北京：社会科学文献出版社。

王名，2001，《NPO 及其在扶贫开发中的作用》，《清华大学学报》（哲学社会科学版）第 1 期。

王宁，2007，《个案研究的代表性问题与抽样逻辑》，《甘肃社会科学》第 5 期。

王小林，2017，《贫困测量：理论与方法》，北京：社会科学文献出版社。

韦草，2009，《贫困理论和政府扶贫实践的社会资本逻辑》，《中国行政管理》第 9 期。

魏后凯、王宁，2013，《参与式反贫困：中国城市贫困治理的方向》，《江淮论坛》第 5 期。

威廉·朱利叶斯·威尔逊，2007，《真正的穷人：内城区、底层阶级和公共政策》，成伯清、鲍磊、张戎凡译，上海：上海人民出版社。

乌德亚·瓦尔格，2003，《贫困再思考：定义和衡量》，刘亚秋译，《国际社会科学》第 1 期。

夏建中，2007，《社会为中心的社会资本理论及其测量》，《教学与研究》第 9 期。

香港思匯政策研究所，2005，《三方合作研究》，《本地研究及参与》（研究报告）。

香港特别行政区政府，2015，《2014 年香港贫穷情况报告》。

香港特别行政区政府，2001，《2001 年施政报告：巩固实力，投资未来》。

香港特区立法会福利事务委员会，2006，《社区投资共享基金－进度报告》（内部讨论文件）。

向雪琪、林曾，2017，《社会组织扶贫的理论基础与实践空间》，《中南民族大学学报》（人文社会科学版）第 5 期。

谢萌、辛瑞萍，2011，《社区主导型发展与农村社会资本的培育》，《青岛农业大学学报》（社会科学版）第 4 期。

央视网，2017，《2017 中国扶贫国际论坛举行中国对全球减贫贡献率超过 70%》5 月 26 日。

亚洲开发银行，2003a，《扶贫与社会发展报告》7 月第 6 号刊。

亚洲开发银行，2003b，《亚行—政府—非政府组织合作：2003—2005 年行动框架》。

亚洲开发银行，2004，《加强亚太地区的减贫工作》，http：//www.adb.org/

Documents/Translations/Chinese/Enhanced-Poverty-Reduction-Strategy-CN.
pdf。

延安市延长县，2016，《延长县世行第五期扶贫项目验收报告》（内部资料）。

燕继荣，2015，《社会资本与国家治理》，北京：北京大学出版社。

杨冬民，2010，《社会排斥与我国的城市贫困———一个理论框架的分析》，《思想战线》第 3 期。

央广网，2017，《香港社会资本开花结果》，1 月 7 日，http：//hxradio. cnr. cn/huaxiazs/xinwen/20170107/t20170107_523450842. shtml。

杨团、孙炳耀，2005，《资产社会政策与中国社会保障体系重构》，《江苏社会科学》第 2 期。

杨小柳，2008，《参与式行动：来自凉山地区的发展研究》，北京：民族出版社。

杨小柳，2010，《参与式扶贫的中国实践和学术反思———基于西南少数民族贫困地区的调查》，《思想战线》第 3 期。

叶敬忠、刘燕丽、王伊欢，2005，《参与式发展规划》，北京：社会科学文献出版社。

伊琳·吉特、米拉·考尔·莎，2004，《社区的迷思———参与式发展中的社会性别问题》，社会性别窗口小组，北京：社会科学文献出版社。

约瑟夫·A. 马克斯威尔，2007，《质的研究设计：一种互动的取向》，朱光明译，重庆：重庆大学出版社。

悦中山、杜海峰、李树茁、费尔德曼，2009，《当代西方社会融合研究的概念、理论及应用》，《公共管理学报》第 2 期。

曾群，2006，《青年失业与社会排斥风险———一项关于社会融合的社会政策研究》，上海：学林出版社。

曾群、魏雁滨，2004，《失业与社会排斥：一个分析框架》，《社会学研究》第 3 期。

詹姆斯·科尔曼, 1999, 《社会理论的基础》（上下册）, 邓方译, 北京: 社会科学文献出版社。

张宏伟, 2017, 《社会组织扶贫的困境与出路》, 《人民论坛》第 35 期。

张建华等, 2010, 《贫困测度与政策评估: 基于中国转型时期城镇贫困问题的研究》, 北京: 人民出版社。

郑志龙, 2007, 《社会资本与政府反贫困治理策略》, 《中国人民大学学报》第 6 期。

中国国际扶贫中心, 2015, 《贫困农村地区可持续发展研究系列报告》。

中国发展研究基金会, 2007, 《中国发展报告 2007——在发展中消除贫困》, 北京: 中国发展出版社。

中国新闻网, 2017, 《第 25 个国际消除贫困日: 中国扶贫对全球减贫贡献率超七成》, 10 月 17 日, http://www. chinanews. com/gn/2017/10-17/8 354840. shtml。

中国舆情智库, 2017, 《中国扶贫历史与现状》, 转引自 http://www. yidian-zixun. com/article/0HIOqTku? s.

周彬彬, 1991, 《向贫困挑战》, 北京: 人民出版社。

周大鸣、秦红增, 2005, 《参与式社会评估》, 广州: 中山大学出版社。

周红云, 2011, 《社会资本与民主》, 北京: 社会科学文献出版社。

庄巨忠, 《亚洲的贫困、收入差距与包容性经济增长——度量、政策问题与国别研究》, 2012, 北京: 中国财政经济出版社。

邹薇、方迎风, 2011, 《关于中国贫困的动态多维度研究》, 《中国人口科学》第 6 期。

邹薇、方迎风, 2012, 《怎样测度贫困: 从单维到多维》, 《国外社会科学》第 2 期。

英文文献

Asian Development Bank, 2004, *Enhancing the Fight Against Poverty in Asia and* the Pacific: *The Poverty Reduction Strategy of the Asian Development Bank*, https://www. adb. org/sites/default/files/institutional-document/32122/prs-2004. pdf.

Asian Development Bank, 2019, *Asian Development Bank and India: Fact Sheet*, https://www. adb. org/sites/default/files/publication/27768/ind-2018. pdf.

Bebbington, A. , 1997, "Social Capital and Rural Intensification: Local Organizations and Islands of Sustainability in the Rural Andes", *Geographical Journal*.

Bereford, P. and Hoban, M. , 2005, *Participation in anti-poverty and regeneration work and research*, Report of Joseph Rowntree Foundation.

Berghman, J. , 1995, "Social Exclusion in Europe: Policy Context and Analytical Framework", In G. , Room (Ed.), *Beyond the Threshold: The Measurement and Analysis of Social Exclusion*, Bristol: The Policy Press.

Bourdieu, P. , 1986, "The Forms of Capital", In J. G. Richardson (ed.), *Handbook of theory and research for the sociology of education*, Westport, CT: Greenwood Press.

Burchatdt, T. , Le Grand, J. , and Piachaud, D. , 1999, "Social exclusion in Britain 1991 ~ 1995", *Social Policy and Administration*, Vol. 33, No. 3.

Carey Oppenheim and Lisa Harker, 1996, *Poverty: The Facts* (3rd ed), London: Child Poverty Action Group.

Christian Aspalter, 2006, "The East Asian welfare model", *Journal of Social Welfare*, Vol. 15.

Christian Grootaert, 1999, "Social Capital, Household Welfare and Poverty in Indonesia", *Local Level Institutions Working Paper* No. 6, The World Bank.

Christian Grootaert, 2001, *Does Social Capital Help the Poor—A Synthesis of Findings from the Local Level Institutions Studies in Bolivia, Burkina Faso and Indonesia*, http://www. worldbank. org/socialdevelopment.

Christian Grootaert, Deepa Narayan, Veronica Nyhan Jones and Michael Woolcock, 2004, *Measuring Social Capital: An Integrated Questionnaire*, Washington, DC: World Bank.

Christian Grootaert and Thierry van Bastelaer, 2001, "Understanding And Measuring Social Capital: A Synthesis of Findings and Recommendations from The Social Capital Initiative", *Social Capital Initiative Working Paper* No. 24, Washington, DC: World Bank.

Christian Grootaert and Thierry van Bastelaer, 2002, *Understanding and Measuring Social Capital: A Multidisciplinary Tool for Practitioners*, Washington, DC: World Bank.

Coleman, J. S., 1988, "Social Capital in the Creation of Human Capital", *American Journal of Sociology*, Vol. 94 Supplement (98).

Coleman, J. S., 1990, *The Foundations of Social Theory*, Cambridge, M. A.: Belknap Press of Harvard University Press.

Collier, P., 1998, "Social Capital and Poverty", *Social Capital Initiative Working Paper*, Washington, DC: World Bank.

Cornelias Ncube, 2005, *Good Governance, Participatory Development and Poverty Reduction: An Appraisal of the NPO Bill in Zimbabwe*, http://www.idd. bham. ac. uk/research/dissertations/04-05/ncube. pdf.

D. C. Onyx, J. and Bullen, P., 2001, "The Different Faces of Social Capital in NSW Australia", In Dekker, P. and Uslaner, E. M. (eds.), *Social Capital and Participation in Everyday Life*, London: Routledge.

Deepa Narayan, 1999, *Bonds and Bridges: Social Capital and Poverty*, Poverty Group, Washington, DC: World Bank.

Deepa Narayan and Michael. F. Cassidy, 2001, "A Dimensional Approach to Measuring Social Capital: Development and Validation of a Social Capital Inventory", *Current Sociology*, Vol. 49, No2: 59 ~ 102.

Department of Applied Social Studies City University of Hong Kong, 2012, *An*

Evaluation Study on the Outcome of the Community Investment and Inclusion Fund.

Department of Applied Social Sciences Hong Kong Polytechnic University, 2012, *Final Report on The Effectiveness of CIIF Projects in Social Capital Development in Tin Shui Wai.*

Ditch, J. , 1999, "Full Circle: A Second Coming for Social Assistance", In J. Clasen (Ed.), *Comparative Social Policy: Concepts, Theories, and Methods*, Malden, MA: Blackwell Publishers.

Don Cohen and Laurence Prusak, 2001, *In Good Company: How Social Capital Makes Organizations Works*, Boston, Massachusetts: Harvard Business School Press.

Elinor Ostrom, 1990, *Governing the Commons: The Evolution of Institutions for Collective Action*, Cambridge: Cambridge University Press.

Emanuele Ferragina, 2010, "Social Capital and Equality: Tocqueville's Legacy: Rethinking social capital in relation with income inequalities", *The Tocqueville Review/La Revue Tocqueville*, Vol. 31 (1): 73 – 98.

European Community, 1994, *Council Decisions on Specific Community Action to Combat Poverty*, Council Decision 94/912/EC of 15 December.

29. Francis Fukuyama, 1995, *Trust: The Social Values and Creation of Prosperity*, New York: Free Press.

Francis Fukuyama, 2002, "Social Capital and Development: The Coming Agenda", *SAIS Review*, Vol. 23, No1.

Glenn Loury, 1977, "A Dynamic Theory of Racial Income Differences", In P. A. Wallace and A. Le Mund (eds), *Chapter 8 of Women, Minorities, and Employment Discrimination*, Lexington, Mass: Lexington Books.

Gordan Marshall, 1994, *Oxford Concise Dictionary of Sociology*, Oxford University Press.

Gordon, D. et al. , 2000, *Poverty and Social Exclusion in Britain*, New York: Joseph Rowntree Foundation.

Hanifan, L. J. , 1916, "The Rural School Community Center", *Annals of the American Academy of Political and Social Science*.

Hanifan, L. J. , 1920, *The Community Center*, Boston: Silver Burdett.

Heppell, T. S. , 1973, "Social Security and Social Welfare: A 'New Look' from Hong Kong: Part One", *Journal of Social Policy*, Vol. 2, No. 3.

Hjorth, P. , 2003, "Knowledge development and management for urban poverty alleviation", *Habitat International*.

Jane Jacobs, 1961, *The Death and Life of Great American Cities*, Random House.

Jan L. Flora, 1998, "Social capital and communities of place", *Rural Sociology*, Vol. 63, No. 4 .

J. Midgley, 1999, Growth, Redistribution and Welfare: Toward Social Investment, *Social Service Review* (March) .

Joel S. Migdal, 1988, *Strong Societies and Weak States: State-Society relations and State Capabilities in the Third World*, Princeton: Princeton University Press.

Joel S. Migdal, Atul Kohli and Vivienne Shue (eds.) , 1994, *State Power and Social Force, Domination and Transformation in the Third World*, Cambridge: Cambridge University Press.

John Page, 2008, "Strategies for Pro-Poor Growth: Pro-Poor, Pro-Growth or Both", *Journal of African Economies*, Vol. 15, No. 4.

Jonathan Fox, 1996, "How does Civil Society Thicken: The Political Construction of Social Capital in Rural Mexico", *World Development*, Vol. 24, No. 6.

Karl, M. , 2000, *Monitoring and evaluating stakeholder participation in agriculture and rural development projects: A literature review*, http: www. fao. org/ sd/Ppdirect/Ppre0074. htm.

Luca Andriani and Dimitrios Karyampas, 2010, "Social Capital, Poverty and Social Exclusion in Italy", *Birkbeck Working Papers in Economics & Finance.*

Margaret Levi, 1998, "A State of Trust", In V. Braithwaite and M. Levi (eds.), *Trust & Governance*, New York: Russel Sage Foundation.

Mark Granovetter, 1973, "The Strength of Weak Tie", *American Journal of Sociology*, 78 (May): 1360 – 1380.

Matthew Morris, 1998, *Social Capital and Poverty in India*, IDS Working Paper 61.

Michael Woolcock, 1998, "Social Capital and Economic Development: Toward a Theoretical Synthesis and Policy Framework", *Theory and Society.*

Michael Woolcock, 2001, *Social Capital in Theory and Practice: Reducing Poverty by Building Partnerships between States, Markets and Civil Society*, http://digital-library. unesco. org/shs/most/gsdl/collect/most/index/assoc/HASH56cc. dir/doc. pdf.

Miguel Darcy de Oliveira, 2002, "Citizen Participation and Social Capital Formation Resource mobilisation for social development: the experience of Comunidade Solidária in Brazil", UNESCO, *Social Capital and Poverty Reduction: Which role for the civil society organizations and the state?* http://www. unesco. org/most/soc_ cap_ symp. pdf.

Narayan, D. and Pritchett, L., 1997, "Cents and Sociability: Household Income and Social capital in Rural Tanzania", *Policy Research Working Paper*, Washington, DC: World Bank.

Neil Gilbert, 2002, *Transformation of the welfare State: The Silent Surrender of Public Responsibility*, New York: Oxford University Press.

Neil Gilbert and Barbara Gilbert, 1989, *The Enabling State*, New York: Oxford University Press.

North Douglass, 1990, *Institutions, Institutional Change and Economic Perform-*

ance, Cambridge University Press.

OECD, 1998, *The Battle against Exclusion*, Paris: Organization for Economic Co-operation and Development.

Okunmadewa, F. Y. , Yusuf, S. A. and Omonona, B. T. , 2005, *Social Capital And Poverty Reduction In Nigeria*, https://sarpn. org/documents/d0002275/ Social_ capital_ AERC_ Sept2005. pdf.

Paul S. Adler & Seok-Woo Kwon, 2002, "Social Capital: Prospects for a New Concept", *The Academy of Management Review*.

Paul Wilding, 1996, *Social Policy and Social Development in Hong Kong*, Public And Social Administration Working Paper Series, Vol. 3.

Peter Alcock, 1993, *Understanding Poverty*, London: Macmillan Press.

Peter Evans, 1995, *Embedded Autonomy: States and Industrial Transformation*, Princeton: Princeton University Press.

Peter Evans, 1997, *State-Society Synergy: Government and Social Capital in Development*, Open Access Publications from the University of California, https://escholarship. org/uc/item/8mp05335.

Portes, A. , 1995, *The Economic Sociology of Immigration*, New York: Russell Sage Foundation.

Portes, A. , 1998, "Social Capital: Its Origins and Applications in Modern Sociology", *Annual Review of Sociology*, Vol. 24: 1 – 24.

P. Townsend, 1993, *The International Analysis of Poverty*, New York: Harvester Wheatsheaf Press.

P. Townsend, 1979, *Poverty in the United Kingdom*, University of California Press.

Robert D. Putnam, 1993, "The Prosperous Community: Social Capital and Public Life", *American Prospect*, Vol. 13 (spring): 35 – 42.

Robert D. Putnam, 1995a, "Turning in, Turning out: The Strange Disappearance of Social Capital in America", *Political Science and Politics* (December) .

Robert D. Putnam, 1995b, "Bowling Alone: American's Decling Social Capital", *Journal of Democracy*, January 6: 65 – 78.

Robert D. Putnam, 2000, *Bowling Alone: The Collapse and Revival of American Community*, New York: Simon & Schuster.

Robert Ellickson, 1991, *Order Without Law: How Neighbors Settle Disputes*, Cambridge, MA: Harvard University Press.

Robert Salisbury, 1969, "An Exchange Theory of Interest Groups", *Midwest Journal of Political Science*, Vol. 13, No. 1.

Ronald S. Burt, 1992, *Structural Holes: The Social Structure of Competition*, Cambridge, M. A: Harvard University Press.

Ronald S. Burt, 2001, "Structural Holes versus Network Closure as Social Capital", In Lin Nan, Karen Cook, and Ronald S. Burt (eds.), *Social Capital: Theory and Research*. New York: Aldine de Gruyter.

Roslan Abdul-Hakim et al., 2010, "Does Social Capital Reduce Poverty? A Case Study of Rural Households in Terengganu, Malaysia", *European Journal of Social Science*, Vol. 14, No. 4.

Rothstein, B., 1998, *Just Institutions Matter*, Cambridge: Cambridge University Press.

Saraceno, C., 1997, "The Importance of the Concept of Social Exclusion", In Beck, W. &der Maesen, L. van & Thomese, F. & Walker, A. (Ed), *The Social Quality of Europe*. Bristol: The Policy Press.

Sainsbury D., 1991, "Analysing Welfare State Variations: The Merits and Limitations of Models Based on the Residual-Institutional Distinction", *Scandinavian Political Studies*, 14 (1).

Sen, A. K, 1993, "*Capability and well—being*", In M. Nussbaum & A. Sen (Eds.), *The quality of life*, Oxford: Oxford University Press.

Sen, A. K, 1997, *On economic inequality*, Expanded edition with a substantial annex, Oxford: Oxford University Press.

Sidney Tarrow, 1996, "Making Social Science Work Across Space and Time: A Critical Reflection on Robert Putnam's Making Democracy Work", *American Political Science Review*, Vol. 90, No. 2.

Silver, H., 1995, "Three paradigms of social exclusion", In Rodgers, G., Gore, C. and Figueiredo, J. B. (Eds.), *Social Exclusion: Rhetoric, Reality, Responses*, Geneva: International Institute for Labour Studies.

Stephen Knack, 1999, "Social Capital, Growth And Poverty: A Survey of Cross-country Evidence", *Social Capital Initiative Working Paper* No. 7, Washington, DC: World Bank.

The World Bank, 2019a, *Poverty Overview (context)*, http://www. worldbank. org/en/topic/poverty/overview#1.

The World Bank, 2019b, *Poverty Overview (strategy)*, http://www. worldbank. org/en/topic/poverty/overview#2.

The World Bank, 2019c, *Poverty Overview (results)*, http://www. worldbank. org/en/topic/poverty/overview#3.

The United Nations Educational, Scientific and Cultural Organization, 2002, *Social Capital and Poverty Reduction: Which role for the civil society organizations and the state?*

The United Nations Educational, Scientific and Cultural Organization, 2006a, *Evaluation of the Cross Cutting Themes: Eradication of poverty, especially extreme Poverty, and the Contribution of Information and Communication Technologies to the Development of Education, Science and Culture and the Construction of a Knowledge Socie.*

The United Nations Educational, Scientific and Cultural Organization, 2006b, *UNESCO programme for eradication of poverty, especially extreme poverty.*

Tomas Ford Brown, 1999, "Theoretical Summary of Social Capital", Working paper, University of Wisconsin.

Touraine, A, 1991, "Face a l'exclusion", Esprit, 141, Quoted in Beck, W. , Van der Maesen, L. & Walker, L. (Eds.), *The Social Quality of Europe*, The Hague; Boston: Kluwer Law International.

UNDP, 1996, *Human Development Report*, Oxford University Press.

UNDP, 1997, *Human Development Report*, Oxford University Press.

UNDP, 2016, *Human Development Report* 2016: *Human Development for Every-one*, http://report. hdr. undp. org/.

UNESC, 2005, *Decentralization for poverty reduction*, Policy dialogue of UNESC for Asia and the Pacific Committee on poverty reduction.

Widjajanti I. Suharyo. et al. , 2006, *Strengthening the Poverty Reduction Capacity of Regional Governments through Participatory Poverty Assessment*, Research Report, SMERU Research Institute, http://www. smeru. or. id/report/re-search/jbic2/jbic2_ eng. pdf.

Widjajanti I. Suharyo. et al. , 2009, *Social Protection Programs for Poverty Re-duction in Indonesia* (1999 – 2005), The SMERU Reserach Institute Draft.

William Maloney, Graham Smith and Gerry Stoker, 2000, "Social Capital and Urban Governance: Adding a More Contextualized ' top-down ' Perspec-tive", *Political Studies*, Vol. 48, No. 4.

Woolcock, M. and Narayan, D. , 2000, "Social Capital: Implications for Devel-opment Theory", Research, and Policy, *The World Bank Research Observer*.

World Bank, 1992, *China: Strategies for Reducing Poverty in the 1990s*, http://www-wds. worldbank. org/servlet/WDSContentServer/WDSP/IB/1999/09/17/000178830_98101911142185/Rendered/PDF/multi_ page. pdf.

Yanjie Bian, 1997, "Bringing Strong Ties Back In: Indirect Ties, Network Bridg-es, and Job Searches in China", *American Sociological Review*, Vol. 62, No. 3: 366 – 385.

索　引

后 记

我之所以长期关注贫穷与社会资本问题，主要有两个方面的原因。

一是源于我个人生活和学习的经历。我出生在农村，从小经历艰苦的农村生活，对于贫穷有着切身体会。记得 2000 年 8 月离家去上大学的前一天晚上，父亲语重心长地叮嘱我说："今后无论你走到哪里，都不要忘了你从哪里来。"在 2004 年准备大学毕业论文时，我第一次接触到社会资本理论，理论和实践的碰撞点燃了我"思想的火花"：贫穷意味着不仅缺乏物质资本、人力资本，也缺乏社会资本。"穷在闹市无人问"，"救急不救穷"，"人穷莫交友"，这些俗语形象地描绘了穷人陷入穷困之后的孤立无援。因为早期生活经历的影响，从此，贫穷和社会资本成为我学习和研究的一个重要主题。这个主题贯穿了我的硕士毕业论文、博士毕业论文以及工作后所从事的大多数研究。从 2004 年踏入该主题至今，我一头扎进就是十五年，虽无建树却乐此不疲，颇有点"衣带渐宽终不悔，为伊消得人憔悴"的意境。

二是源于我内心怀有的社会责任感。作为一名出身农村、研究贫困问题的学者，我希望自己不忘初心、学以致用，能够利用所学造福弱势群体，为扶贫开发事业贡献绵薄之力。多年的学习和研究经历让我认识到，社会资本缺失是致贫的重要原因，社会资本在扶贫开发中具有巨大的政策价值。如果说物质资本、人力资本的缺失属于"局部环境的个人困扰"，那么以"联结困境""社会断裂""社会孤立"为形式的社会资本缺失，则属于米尔斯所说的"社会结构中的公共问题"。物质资本和人力资本导向的扶贫更加关注穷人经济贫困与能力不足的"个人困扰"，社会资本导向的扶贫更加关注穷人社会排斥与制度性歧视的"公共问题"。扶贫开发既要瞄准穷人的"个人困扰",更要解决他们的"公共问题",从深层次铲除滋生穷人的土壤,因此社会资本扶贫大有可为。

遗憾的是,虽然投资社会资本早已成为全球扶贫开发的重要战略,但在中国的扶贫开发政策中,社会资本的扶贫作用并未引起足够重视。究其原因,理论依据不清、因果机制不明、政策工具不足,是制约社会资本在扶贫开发政策中大规模应用的三大问题。虽然社会资本的理论研究如火如荼,但其政策应用始终"门庭冷落"。因此,打通理论与实践的通道,破解政策应用难题,推动社会资本理论成果"走出书斋",更好地造福社会尤其是造福社会中最需帮扶的穷人,无疑具有重要意义。本书是对我近年来从事贫穷和社会资本研究的一次总结,旨在为廓清和推广社会资本导向型扶贫模式做些抛砖引玉的工作,希冀有助于深化社会资本扶贫理论研究、推动社会资本扶贫政策应用,如有不当之处,欢迎方家批评指正。

本书的完成,得益于许多人的帮助。首先要感谢陕西省扶贫开发办公室外资项目管理中心、河南省扶贫开发办公室外资项目办公室,感谢陕西省延长县扶贫办、陕西省宝鸡市陈仓区扶贫办、河南省嵩县扶贫办,他们为本书的实地调查提供了大力支持,其中很多人长期奋战在扶贫一线,他们心系贫困群众、造福一方百姓的扶贫情怀令人感动,基于保护隐私的研究伦理,恕不能在此一一列出姓名,对于他们的大力支持表示由衷的感谢!特别要感谢陕西省扶贫开发办公室外资项目管理中心惠振江副主任、赵辉处长对课题调研的热情接待和无私帮助,惠主任亲自指导,赵处长头顶酷暑不辞辛劳全程陪同下乡调查,他们对扶贫事业的情怀与担当令人感佩!本书的出版得到了社会科学文献出版社的大力支持,特别要感谢群学出版分社社长谢蕊芬女士、责任编辑杨阳先生,没有他们的关心和帮助,本书难以如期付梓。

最后,谨以此书献给我的父母。我的父母是普通的农民,出身贫穷,却靠着勤劳的双手,摆脱了贫困,撑起了家庭的希望。他们从不索取,却总是付出，把全部心血灌注到孩子们身上。他们没上过几年学，却深知教育的重要性，无论面临多大困难，都坚定支持我的学业，帮助我用知识改变了命运。"谁言寸草心，报得三春晖。"随着年岁渐长，我愈加珍惜与父母相处的每一段时光，愈加理解他们的艰辛与不易，愈加敬佩他们平凡中的伟大。勤劳、俭朴、坚韧的品格，是父母留给我最宝贵的财富，也是激励我不忘初心、勇往直前的精神源泉。

刘　敏

2019 年 10 月于深圳莲花山畔

图书在版编目（CIP）数据

社会资本导向型扶贫模式及其政策应用／刘敏著
. -- 北京：社会科学文献出版社，2019.10
（中国减贫研究书系. 专题研究）
ISBN 978 - 7 - 5201 - 5622 - 6

Ⅰ.①社… Ⅱ.①刘… Ⅲ.①社会资本 - 作用 - 扶贫
模式 - 研究 - 中国②社会资本 - 作用 - 扶贫 - 经济政策 -
研究 - 中国 Ⅳ.①F126

中国版本图书馆 CIP 数据核字（2019）第 219007 号

中国减贫研究书系·专题研究
社会资本导向型扶贫模式及其政策应用

著　　者／刘　敏

出　版　人／谢寿光
组稿编辑／谢蕊芬
责任编辑／杨　阳

出　　版／社会科学文献出版社·群学出版分社（010）59366453
　　　　　　地址：北京市北三环中路甲 29 号院华龙大厦　邮编：100029
　　　　　　网址：www. ssap. com. cn
发　　行／市场营销中心（010）59367081　59367083
印　　装／三河市尚艺印装有限公司

规　　格／开　本：787mm × 1092mm　1/16
　　　　　　印　张：12.5　字　数：177 千字
版　　次／2019 年 10 月第 1 版　2019 年 10 月第 1 次印刷
书　　号／ISBN 978 - 7 - 5201 - 5622 - 6
定　　价／69.00 元

本书如有印装质量问题，请与读者服务中心（010 - 59367028）联系